TODA A VERDADE SOBRE
FÁTIMA

A HISTÓRIA, OS SEGREDOS,
A CONSAGRAÇÃO

SAVERIO GAETA

TODA A VERDADE SOBRE
FÁTIMA

A HISTÓRIA, OS SEGREDOS, A CONSAGRAÇÃO

Direção Editorial:	Pe. Fábio Evaristo R. Silva, C.Ss.R.
Conselho Editorial:	Pe. Ferdinando Mancilio, C.Ss.R.
	Pe. Marlos Aurélio, C.Ss.R.
	Pe. Mauro Vilela, C.Ss.R.
	Pe. Victor Hugo Lapenta, C.Ss.R.
	Avelino Grassi
Coordenação Editorial:	Ana Lúcia de Castro Leite
Tradução:	Maria Aparecida de Pieri Guarezi
Revisão:	Denis Faria
Diagramação e Capa:	Tiago Mariano da Conceição

Título original: *Fatima. Tutta la verità. La storia, i segreti, la consacrazione*
© 2017 Edições San Paolo s.r.l.
Piazza Soncino, 5 – 20092 Cinisello Balsamo (Milão)
www.edizionisanpaolo.it
ISBN 978-88-922-10684

Dados Internacionais de Catalogação na Publicação (CIP)
(Câmara Brasileira do Livro, SP, Brasil)

Gaeta, Saverio
  Toda a verdade sobre Fátima: a história, os segredos, a consagração / Saverio Gaeta. – Aparecida, SP: Editora Santuário, 2017.

  ISBN 978-85-369-0495-5

  1. Maria, Virgem, Santa 2. Nossa Senhora de Fátima – História 3. Santas cristãs – Biografia I. Título.

17-03987   CDD-282.092

Índices para catálogo sistemático:
1. Santas: Igreja Católica: Biografia e obra 282.092

3ª impressão

Todos os direitos em língua portuguesa reservados à **EDITORA SANTUÁRIO** – 2023

Rua Pe. Claro Monteiro, 342 – 12570-045 – Aparecida-SP
Tel.: 12 3104-2000 – Televendas: 0800 0 16 00 04
www.editorasantuario.com.br
vendas@editorasantuario.com.br

Introdução

"Fátima é sem dúvida a mais profética das aparições modernas."[1] A categórica afirmação, pronunciada no Vaticano na conferência de imprensa de 2000 para a apresentação do terceiro Segredo, marcou para sempre a consciência da comunidade eclesial a respeito de um evento que há cem anos acompanha a história da humanidade, ao menos no que se refere à parte mais simples e genuína que reconhece, nas manifestações de Nossa Senhora, a ternura de uma mão materna que procura proteger a Terra da autodestruição.

Inacreditavelmente, ao contrário, o mundo dos "intelectuais" não parece perceber isso, a julgar pelos repertórios de história de maior reconhecimento nas últimas décadas, da Storia d'Europa Einaudi (1996) ao Atlante storico Garzanti (2012), da Cronologia universale Vallardi (1994) a Utet (2002) e Rizzoli (2013). Por mais que possa parecer absurdo, entre dezenas de milhares de citações de eventos de cada gênero (muitos dos quais são realmente bizarros ou absolutamente inconsistentes), desperdiçar diversas linhas para as aparições de Nossa Senhora de Fátima não foi considerado adequado.

---

[1] http://www.vatican.va/roman_curia/congregations/cfaith/documents/rc_con_cfaith_doc_20000626_message-fatima_it.html.

De fato, é necessário repetir claramente, que o desafio de Fátima foi aceito em particular pelas pessoas comuns, que vislumbraram nas intervenções marianas a participação ativa do sobrenatural nos extenuantes acontecimentos humanos. E que entenderam que o Segredo de Fátima não é uma profecia que tem a intenção de inculcar o medo, mas sim um aviso que ilumina o que os homens poderiam realizar quando caminham na estrada do mal.

Sintetizou perfeitamente São João Paulo II: "Observando os sinais dos tempos neste século XX, o de Fátima aparece como um dos maiores, justamente porque anuncia em sua mensagem muitos sinais sucessivos e convida a viver os seus apelos. Sinais como as duas guerras mundiais, e também grandes assembleias de nações e de povos por meio do diálogo e da paz; a opressão e as agitações vividas por vários países e povos, e também a voz e as oportunidades dadas a populações e a pessoas que neste período surgiram no cenário internacional; as crises, as deserções e os tantos sofrimentos dos membros da Igreja, e também um renovado e intenso sentido de solidariedade e de recíproca dependência no Corpo místico de Cristo, que se está consolidando em todos os batizados, conforme a sua vocação e missão; o distanciamento de Deus e o seu abandono por parte dos indivíduos e da sociedade, e também a irrupção do Espírito de verdade nos corações e nas comunidades até unir-se ao sacrifício e ao martírio para salvar a imagem e a semelhança de Deus no homem, para salvar o homem do homem"[2].

O escritor Anatole France dizia que o caso é "o pseudônimo de Deus quando não quer assinar por extenso". Portanto, será "um caso", mas justamente em 13 de outubro de 2016, no 99º aniversário do milagre do sol em Fátima, o presidente cessante dos Estados Unidos Barack Obama assinou uma das suas últimas ordens executivas, para "preparar os Estados Unidos para reduzir a perda econômica, salvar vidas humanas e melhorar a segurança nacional, e contribuir

---

[2] Mensagem de João Paulo II ao bispo de Leiria-Fátima no 80º aniversário das aparições (1º de outubro de 1997), em *http://w2.vatican.va/content/john-paul-ii/it/letters/1997/documents/hf_jp-ii_let_19971001_fatima.html*.

com a motivação de governos estatais e locais, e de outras nações, para criar comunidades que sejam mais resistentes aos efeitos sobre o ambiente derivados das tempestades magnéticas solares". Um evento que, segundo os cientistas, atualmente é considerado a ameaça mais catastrófica em relação à sobrevivência do nosso planeta, pois poderia destruir inteiramente a infraestrutura informática, que hoje coordena tudo, desde a distribuição de energia elétrica e de água às reservas do comércio, desde o sistema de transportes a todos os tipos de comunicação.

Certamente o presidente Obama não se deu conta dessa data simbólica, como anteriormente passaram em silêncio tantas "coincidências": desde a explosão de 13 de maio de 1984 em Severomorsk (um mês e meio depois da consagração ao Coração Imaculado de Maria realizada por João Paulo II), na qual foram destruídos dois terços dos armamentos da frota soviética, aos incêndios de maio de 1988 (meados do Ano Mariano 1987-88), quando duas fábricas de combustível para mísseis, uma estadunidense em Nevada e outra soviética na Ucraina, foram postas ao chão; desde o desmembramento da União Soviética (em 8 de dezembro de 1991) ao recolhimento da bandeira no Kremlin (em 25 de dezembro seguinte), em duas datas que somente para a Igreja católica são a festa da Imaculada Conceição e o Natal, enquanto que a ortodoxa russa não comemora a Imaculada e celebra o Natal em 7 de janeiro, segundo o calendário juliano.

Por outro lado, também, a sobreposição de várias recorrências significativas em 2017 parece singular. Além do centenário de Fátima, há os quinhentos anos da Reforma de Lutero, trezentos da fundação da Maçonaria e cem da Revolução russa. Acontecimentos que tiveram um forte impacto na história e que repercutem até nossos tempos, aos quais resulta ainda válida a síntese que o Papa Pio XII fez daquelas três épocas do protestantismo, iluminismo e ateísmo. "Ó, não nos perguntem quem é o 'inimigo', nem quais roupas veste. Quis a natureza sem a graça; a razão sem a fé; a liberdade sem a autoridade; talvez a autoridade sem a liberdade. É um 'inimigo' sempre mais concreto, com uma crueldade que nos deixa ainda atônitos: Cristo sim, Igreja não. Depois: Deus sim, Cristo não. Finalmente o grito ímpio: Deus está morto; não: Deus jamais esteve"[3].

Naquele ideal "fio azul" que liga para sempre as manifestações marianas, Fátima representa um chamado fundamental realmente nesta dimensão: e vai além de todas as discussões sobre a existência de um trecho do Segredo não revelado e sobre a exatidão da consagração ao Coração Imaculado de Maria (do qual, contudo, neste livro vem dissecado cada detalhe). Nossa Senhora do Rosário continua a lembrar-nos que Deus nos criou por amor e lança constantemente o apelo à conversão dos corações e ao sacrifício salvífico, sintetizado na oração ensinada aos pequenos videntes: "Ó meu Jesus, perdoai-nos, livrai-nos do fogo do inferno; levai as almas todas para o Céu, e socorrei principalmente as que mais necessitam"[4].

---

[3]Discurso de Pio XII aos homens da Ação Católica (12 de outubro de 1952) in *https://w2.vatican.va/content/pius-xii/it/speeches/1952/documents/hf_p-xii_spe_19521012_uomini-azione-cattolica.html*.
[4]Luigi Kondor (org.), *Memorie di suor Lucia*, vol. 1, Secretariado dos pastorinhos 2005, p. 174.

1
Cem anos e não acabou

As aparições de Fátima são um verdadeiro divisor de águas na história contemporânea, seja por parte da Igreja ou do mundo, e a cem anos de distância elas continuam a representar um dramático e premente apelo que o Céu encaminha aos homens.

As manifestações do anjo em 1915-1916 e as de Nossa Senhora do Rosário em 1917 colocam-se, de fato, exatamente no meio do caminho, do ponto de vista cronológico, entre momentos, que se podem realmente definir como de época: a aparição da Virgem da Medalha milagrosa na *Rue du Bac*, em Paris, que deu início, em 1830, aos grandes eventos marianos dos últimos dois séculos, e o início do terceiro milênio cristão, que viu no ano de 2000 o Grande Jubileu (com a beatificação dos pequenos videntes Francisco e Jacinta e a revelação da "terceira parte" do Segredo) e em 2001 o trágico atentado às Torres gêmeas de Nova Iorque (cujos dias que estamos vivendo foram impregnados com as imagens do Apocalipse).

A mais velha dos três videntes, Lúcia de Jesus Rosa dos Santos, veio à luz na Quinta-feira santa, 28 de março de 1907[1] em Aljustrel,

---

[1]Para evitar mal entendidos esta é a data exata, apesar do que se lê no livro-entrevista com o cardeal Tarcisio Bertone guiado por Giuseppe De Carli que, naquela assim definida "uma cronologia precisa dos eventos", indicou ao contrário antes de 30 de março (na primeira edição de 2007, p. 183), que foi o dia do batismo, e sucessivamente em 22 de março (na segunda edição de 2010, p. 235), que foi o dia fictício indicado pelo pai para obter a celebração do batismo durante a Semana Santa. A relevância do autor do volume, o então secretário de Estado da Santa Sé, poderia de fato induzir a dar veracidade também a detalhes imprecisos.

pequena vila composta por cerca de vinte famílias apenas, a uma distância curta da pequena cidade de Fátima, na diocese portuguesa de Leiria. Era a filha de Antonio dos Santos e de Maria Rosa, última de sete irmãos: cinco meninas (Maria dos Anjos, Teresa, Glória e Carolina, além da pequena Maria nascida prematuramente e falecida pouco depois) e um menino (Manuel).

Naqueles comprometidos dias da Semana Santa, o pároco Manuel Joaquim de Oliveira evitava batizar os nascidos com menos de uma semana, deste modo, o pai Antônio, que desejava realizar a cerimônia antes da Páscoa, declarou como data do parto o dia 22 de março. Celebrou-se, portanto, o batismo em 30 de março na igreja paroquial de Fátima e o nome Lúcia foi escolhido pelo pai da jovem madrinha Maria Rosa, homônima e, por sua vez, afilhada de sua mãe Maria.

Lúcia viveu uma infância serena, ocupada com alguns trabalhos domésticos e aprendendo a costurar na escola da irmã Maria dos Anjos, dezesseis anos mais velha que ela.

Sua mãe era também catequista e realizava em casa os encontros de preparação para a primeira comunhão, dos quais a pequena participava com muito prazer, a ponto de perguntar se poderia também ela receber a eucaristia. O pároco a considerava ainda muito pequena em idade, mas um outro sacerdote, padre Cruz de Lisboa, quis interrogá-la sobre o catequismo e se deu conta de que estava preparada adequadamente.

Assim, muitos anos depois, a vidente descreveu a conclusão de sua primeira confissão, depois que o sacerdote lhe sugeriu dirigir-se à Virgem Maria e pedir para cuidar de seu coração: "Havia na igreja várias estátuas da Santíssima Virgem. Porém, já que as minhas irmãs eram encarregadas de organizar o altar de Nossa Senhora do Rosário, eu estava, portanto, habituada a rezar diante daquela Santíssima Virgem; por isso naquela vez me dirigi a ela. Pedi-lhe, pois, com todo o ardor do qual fui capaz, que guardasse somente para Deus o meu pobre coração. Ao repetir várias vezes esta humilde súplica com os olhos fixos à estátua, pareceu-me que

Ela sorria e que, com um olhar e um gesto de bondade, dissesse-me que sim. Permaneci assim inundada de tanta alegria, que mal conseguia pronunciar uma palavra"[2].

Em 30 de maio de 1913, festa do Sagrado Coração de Jesus, recebeu a primeira comunhão: "Assim que a hóstia divina se pôs sobre minha língua, senti uma serenidade e uma paz inalteráveis, senti que me invadia uma atmosfera tão sobrenatural, que a presença do nosso bom Deus me deixava muito sensível como se o visse e sentisse com os sentidos do meu corpo. Logo eu rezei assim: 'Senhor, faça-me santa, conserva o meu coração sempre puro, somente para ti'. Naquele momento, parecia-me que o nosso bom Deus me dizia, no fundo do meu coração, estas claras palavras: 'A graça que hoje te é concedida permanecerá viva em tua alma, produzindo frutos de vida eterna'"[3].

Depois de alguns meses, quando Lúcia havia completado, então, oito anos, a mãe lhe confiou a tarefa de levar as ovelhas ao pasto de Cabeço, aonde ia a pequena na companhia de suas amigas Maria Justino, Teresa e Maria Rosa Matias, com as quais brincava, fazia a merenda e recitava o Rosário.

Durante essa oração teve com eles, por três vezes no período entre abril e outubro de 1915, a visão de uma figura esplêndida e alva como a neve: "Parecia uma pessoa envolvida em um lençol... Não se conseguia ver nem os olhos, nem as mãos"[4], contou à mãe. Em seguida, revelou uma íntima certeza: "Os fatos que se seguiram me levam a crer que se tratasse do nosso Anjo protetor que, sem se manifestar claramente, preparava-nos para a realização dos planos de Deus"[5].

No início de 1916, Olímpia, irmã de Antônio dos Santos e então tia de Lúcia, entregou-se às insistências dos filhos Francisco e Jacinta, últimos dois dos sete que – depois de ficar viúva com duas crianças

---

[2] Luigi Kondor (aos cuidados), *Memorie di suor Lucia - vol. 1*, Secretariado dos pastorinhos 2005, p. 71. O texto na íntegra está disponível no endereço de Internet: *http://www.pastorinhos.com/_wp/wp-content/uploads/Memoriasl_it.pdf*.

[3] Ibidem, p. 72.

[4] Carmelo di Coimbra, *Un cammino sotto lo sguardo di Maria*, Edições Ocd 2014, p. 38.

[5] Suor Lucia, *Come vedo il Messaggio nel corso del tempo e degli avvenimenti*, Secretariado dos pastorinhos 2006, p. 17

– frutos do segundo matrimônio com Manuel Pedro Marto (que por sua vez era primo de Maria Rosa) e os autorizou a levar também as suas ovelhas a pastorear juntamente ao rebanho da prima Lúcia.

"Não sei por quê, Jacinta e seu irmãozinho Francisco tinham por mim uma preferência especial e me procuravam, quase sempre, para brincar. Não sentíamos prazer na companhia das outras crianças e me pediam para ir com eles para perto de um poço, que os meus pais tinham no fundo do quintal"[6], narrou Lúcia em sua referida *Primeira memória*, escrita em dezembro de 1935 em resposta à solicitação do bispo de Leiria, José Alves Correia da Silva, que em 15 de maio de 1920 encontrava-se aos quarenta e oito anos de idade, a fim de contar tudo o que sabia da vida de Jacinta, depois que, em 12 de setembro daquele ano, os seus restos mortais tinham sido transferidos de Vila Nova de Ourém para Fátima.

As crianças passavam muito tempo juntas e partilhavam também as suas pequenas reflexões espirituais, fundadas nos contos que a mãe Maria propunha todas as noites sobre a vida de Jesus e de Nossa Senhora. Quando estava escuro, amavam ir ao pátio para admirarem o céu: "Desafiávamos para ver quem era capaz de contar as estrelas, que chamávamos de lâmpadas dos anjos. A lua era a de Nossa Senhora e o sol a de Nosso Senhor. Por isso, Jacinta dizia algumas vezes: 'Eu gosto mais da lâmpada de Nossa Senhora que não nos queima e não nos cega; ao contrário, a de Nosso Senhor, sim'. De fato em certos dias de verão, sente-se bem ardente o sol de lá; e a pequena, como era muito frágil, sofria fortemente o calor"[7].

Enquanto caminhavam com o rebanho, recordou irmã Lúcia, "Jacinta gostava muito de escutar o eco da voz ao fundo do vale. Por isso, uma das nossas diversões era gritar em voz alta, do alto das montanhas, sentados sobre a maior rocha. O nome que ecoava mais era o de Maria. Jacinta dizia, as vezes, desse modo, a Ave Maria inteira, repetindo a palavra seguinte somente quando a anterior tivesse terminado de ecoar"[8].

---

[6] Luigi Kondor (org.), *Memorie di suor Lucia - vol. 1*, Secretariado dos pastorinhos 2005, p. 37.
[7] Ibidem, p. 40.
[8] Ibidem, p. 43.

Uma luminosa figura

Um dia não muito preciso, na primavera de 1916, encontravam-se todos os três no pasto de Chousa Velha e, por causa da chuva, abrigaram-se em uma gruta, onde recitaram o Rosário segundo uma modalidade inventada para o fazerem de modo rápido e depois poderem brincar: "Passávamos os grãos, dizendo somente: 'Ave, Maria; Ave, Maria; Ave, Maria!' Quando chegávamos ao fim do mistério dizíamos, depois de uma longa pausa, as simples palavras: 'Pai nosso!' E assim, em um piscar de olhos, a nossa coroa tinha terminado!"[9]

Era por volta de meio-dia, quando, de acordo com o que conta a própria Lúcia em seguida, "um forte vento sacudiu as árvores e nos fez levantar os olhos para ver o que acontecia, tendo em vista que o dia estava sereno. Vimos então acima das oliveiras, caminhar em nossa direção a tal figura da qual já falei. Jacinta e Francisco nunca a tinham visto, e eu jamais lhes havia falado sobre isso. Conforme se aproximava, descobríamos os traços: um jovem de quatorze-quinze anos, mais branco que a neve, tanto que o sol se fazia transparecer como se fosse de cristal, e de uma intensa beleza. Chegando perto de nós, disse: 'Não tenhais medo! Sou o Anjo da paz. Rezai comigo'. E, ajoelhando-se à terra, inclinou a cabeça até tocar o solo, e nos fez repetir três vezes estas palavras: 'Meu Deus! Eu creio, adoro, espero e vos amo! Peço-vos perdão pelos que não creem, não adoram, não esperam, não vos amam'. Depois, elevando-se, disse: 'Rezai assim. Os Corações de Jesus e de Maria estão atentos à voz das vossas súplicas'"[10].

Alguns meses depois, desde então, havia chegado o verão, e as três crianças encontravam-se no quintal dos pais de Lúcia, perto do poço do Arneiro. Enquanto estavam brincando, viram novamente o anjo,

---

[9]Ibidem.
[10]Carmelo di Coimbra, *Un cammino sotto lo sguardo di Maria*, Edizioni Ocd 2014, p. 40.

que os surpreendeu docemente: "O que fazeis? Rezai, rezai muito. Os Corações santíssimos de Jesus e Maria têm sobre vós os desígnios de misericórdia. Ofereçam constantemente ao Altíssimo orações e sacrifícios". Lúcia lhe perguntou como deveriam se sacrificar e o anjo respondeu: "De tudo aquilo que puderdes, oferecei um sacrifício a Deus, como ato de reparação aos pecados de quem o ofendeu, e como súplica para a conversão dos pecadores. Despertai em vossa Pátria a paz. Eu sou o seu Anjo protetor, o Anjo de Portugal. Sobretudo, aceitai e suportai com submissão os sofrimentos que o Senhor vos enviará"[11].

Em ambas as circunstâncias, e como aconteceu também em todas as sucessivas aparições da Virgem Santíssima, Francisco não tinha ouvido as palavras do anjo, que lhe vieram repetidas pelas duas meninas. A partir daquele momento, os três decidiram fazer penitência recitando de joelhos até se debilitarem a oração que haviam recebido.

Em um dia de outono, voltaram a rezar na gruta onde o anjo havia aparecido durante a primavera. De repente, sentiram-se envolvidos por uma intensa luz e viram o anjo que segurava na mão um cálice sobre o qual estava apoiada uma hóstia, da qual gotejava sangue. Deixando-os suspensos no ar, hóstia e cálice, o anjo se ajoelhou e tocou a terra com o vulto, recitando esta oração: "Santíssima Trindade, Pai, Filho, Espírito Santo, adoro-vos profundamente e ofereço-vos o preciosíssimo corpo, sangue, alma e divindade de Jesus Cristo, presente em todos os sacrários da terra, em reparação dos ultrajes, sacrilégios indiferenças com que Ele mesmo é ofendido. E, pelos méritos infinitos do seu santíssimo Coração e do Coração Imaculado de Maria, peço-vos a conversão dos pobres pecadores". Portanto o anjo se elevou e, tomando entre as mãos o cálice e a hóstia, deu esta última a Lúcia, enquanto aos seus primos ofereceu a beber do cálice, dizendo: "Tomai e bebei o corpo e o sangue de Jesus Cristo, horrivelmente ultrajado pelos homens ingratos. Reparai os seus crimes e consolai o vosso Deus"[12].

---

[11]Ibidem, p. 41.
[12]Ibidem, p. 43.

Pouco menos de um ano depois, na terceira aparição do anjo, as três crianças tiveram o primeiro encontro com a que, inicialmente, definiram "a Senhora". Era domingo, 13 de maio de 1917: Lúcia tinha apenas completado dez anos, Francisco estava para completar nove (havia nascido em 11 de junho de 1908), enquanto Jacinta tinha sete (havia nascido em 11 de março de 1910). Os três pequenos pastores encontravam-se com suas ovelhas no pasto chamado Cova da Iria, cerca de dois quilômetros de distância de suas habitações. Para passar o tempo, estavam construindo uma parede de pedra para proteger dos animais um arbusto chamado *moita*, de modo que crescesse e pudessem fazer algumas vassouras para levarem às suas mães. De repente, surgiu o reflexo de uma forte luz, como um relâmpago, e o primeiro pensamento foi o de reunir o rebanho, para levá-lo de volta à casa antes que estourasse o temporal. Assim Lúcia conta aquele momento: "Tendo feito poucos passos, na descida da costa, os seus olhos são feridos pelo reflexo da mesma luz, que acreditam ser um segundo relâmpago. Isso os força a apressar ainda mais o passo e reunir as ovelhas com mais diligência. Ainda alguns passos e, perto da metade da costa, param, surpresos ao ver sobre a azinheira a bela Senhora de luz"[13].

"Não tenhais medo, não vos farei mal", foram as primeiras palavras que ouviram. Deu-se então início a um longo diálogo, que viveu a protagonista Lúcia, contado por ela em detalhes na *Quarta memória* (redigida no outono de 1941): "'De onde vem?', perguntei-lhe. 'Venho do Céu.' 'E o que quer de mim?' 'Vim pedir-vos que venhais aqui por seis meses consecutivos, no dia 13, a esta mesma hora. Depois vos direi quem sou e o que quero. Então, voltarei aqui de novo uma vez por semana.' 'E eu também irei para o Céu?' 'Sim, irá.' 'E Jacinta?' 'Ela também.' 'E Francisco?' 'Também, mas deve recitar muitos Rosários'"[14].

Neste momento, Lúcia lhe perguntou sobre duas jovens mortas há pouco tempo, recebendo a informação de que uma estava já no Céu e a outra teria permanecido no purgatório até o fim do mundo (segundo

---

[13]Suor Lucia, *Gli appelli del messaggio di Fatima*, Livraria editora vaticana 2001, p. 115-116.
[14]Luigi Kondor (org.), *Memorie di suor Lucia - vol. 1*, Secretariado dos pastorinhos 2005, p. 169.

— 15 —

os comentaristas, esta expressão não deve ser vista literalmente, mas interpretada como um tempo prolongado). E o diálogo prosseguiu: "'Quereis oferecer-vos a Deus para suportar todos os sofrimentos que Ele vos deseja mandar, em ato de reparação pelos pecados com que Ele é ofendido, e de súplica para a conversão dos pecadores?' 'Sim, queremos'. 'Então deveis sofrer muito, mas a graça de Deus será o vosso conforto'. Foi enquanto pronunciava essas últimas palavras que abriu pela primeira vez as mãos, comunicando-nos uma luz tão intensa, uma espécie de reflexo que dela saía e penetrava no peito e no mais íntimo da alma, fazendo-nos ver a nós mesmos em Deus, que era aquela luz, mais claramente de como quando nos vemos no melhor dos espelhos. Naquele momento, por um impulso íntimo e que nos foi também comunicado, caímos de joelhos, e repetíamos com o coração: 'Santíssima Trindade, eu Vos adoro. Meu Deus, meu Deus, eu vos amo no Santíssimo Sacramento'. Passados os primeiros momentos, Nossa Senhora acrescentou: 'Recitai o Rosário todos os dias para obter a paz no mundo e o fim da guerra'. Em seguida, começou a elevar-se serenamente, subindo em direção ao oriente, até desaparecer na imensidão da distância. A luz que circundava ia quase abrindo um caminho pleno de estrelas, motivo pelo qual dizemos ter visto o céu se abrir"[15].

Terminada a aparição, as meninas contaram a Francisco o que a Virgem tinha dito, visto que ele não tinha ouvido nada, e depois, durante o resto da tarde, ficaram pensativos a interrogarem-se sobre o acontecimento. De vez em quando, Jacinta exclamava com entusiasmo: "Ah, mas que bela Senhora!" Em 1946, respondendo ao questionamento se a estátua colocada no santuário na Cova da Iria fosse parecida à de Nossa Senhora vista por ela, Lúcia disse com candura ao escritor William Thomas Walsh: "Não, não muito. Senti desapontamento quando a vi. De certo modo muito feliz, muito alegre. Quando vi Nossa Senhora, ela estava acima

---

[15]Ibidem, p. 170.

de tudo triste, diria como levada pela compaixão. Porém seria impossível descrever a Virgem Santíssima e seria impossível fazer uma linda estátua como sua beleza"[16].

Lúcia exprimiu uma séria preocupação a respeito de Jacinta: "Parece-me realmente adivinhar: tu vais dizer a alguém", mas lhe assegurou que ficasse tranquila. Narrou a vidente: "No dia seguinte, Jacinta escutou a acusação, sem dizer nada. 'Veja, eu bem tinha previsto!', disse-lhe. 'Mas eu tinha aqui dentro algo que não me permitia ficar quieta', respondeu, com as lágrimas aos olhos. 'Agora não chores; e não fales mais a ninguém do que Nossa Senhora nos disse'. 'Mas eu já disse'. 'O que disseste?' 'Disse que a Virgem Santíssima nos prometeu de levar-nos ao Céu!' 'Logo isso foste rapidamente dizer!' 'Perdoa-me: eu não direi mais nada a ninguém!'"[17]

Realmente, a pequena manteve a promessa, tanto que quando o pároco de Fátima, que na época era dom Manuel Marques Ferreira, ao fim de maio convocou os três pequenos pastores para um interrogatório, Jacinta abaixou a cabeça e o reverendo conseguiu obter dela duas ou três palavras somente, com muita dificuldade. Entrando em casa, Lúcia lhe perguntou por que não quisera responder ao pároco e a embaraçante réplica foi: "Porque te prometi não dizer mais nada a ninguém!"[18]

A notícia tinha porém começado a difundir-se, suscitando as reações mais tumultuadas. Enquanto os pais dos pequenos irmãos acreditaram imediatamente na aparição, os de Lúcia mostraram-se, ao contrário, céticos, e em particular a mãe Maria foi muito dura com a filha, agredindo-a tanto em palavras como fisicamente: "Deves dizer a estas pessoas que mentiste, para que não sejam enganadas a perder tempo e a fazer perder o meu tempo. Não me deixam fazer nada"[19]. A menina não reagia, ia chorando ao poço e repensava nas palavras de Nossa Senhora que lhe tinha preanunciado muitos

---

[16]William Thomas Walsh, *Madonna di Fatima*, Ancora - Nigrizia 1965, p. 325.
[17]Luigi Kondor (org.), *Memorie di suor Lucia - vol. 1*, Secretariado dos pastorinhos 2005, p. 44-45.
[18]Ibidem, p. 49.
[19]Carmelo di Coimbra, *Un cammino sotto lo sguardo di Maria*, Edizioni Ocd 2014, p. 61.

sofrimentos. No entanto, nos dias sucessivos, os pequenos pastores começaram a recitar integralmente o Rosário e a fazer os sacrifícios solicitados.

Nossa Senhora reaparece

Passou-se assim um mês e, em 13 de junho, Lúcia correu sozinha ao amanhecer para levar o rebanho ao pasto. Naquele dia, festa litúrgica de Santo Antônio de Pádua (solenemente festejado em Portugal visto que era nativo de Lisboa), tinha de fato a intenção de voltar a tempo para participar da Missa e de ir em seguida à Cova da Iria. Divertida é a recordação que a vidente conservou daquela manhã: "Minha mãe e as minhas irmãs, que sabiam o quanto eu gostava de festas, diziam--me: 'Quero ver realmente se deixarás a festa para ir à Cova da Iria, para falar com aquela Senhora!' Naquele dia, ninguém me disse uma palavra, dirigindo-se a mim como quem diz: espera bem; vejamos um pouco o que faz!"[20]

Enquanto se encontrava no pasto veio porém a chamá-la o irmão, que ficou com o rebanho para permitir a Lúcia que fosse embora, onde a esperavam muitas pessoas, reunidas das vilas vizinhas, que pretendiam acompanhá-la. Depois da Missa, a menina passou para pegar Francisco e Jacinta e juntos foram à Cova da Iria, seguidos por muita gente. No coração de Lúcia existia tanta amargura pela incredulidade de sua mãe, que ainda uma vez havia tentado fazê-la confessar que não era nada verdade: "Faça como quiser! Ou tu dizes a essas pessoas que foi um engano confessando que mentiste, ou te tranco em um quarto de onde não conseguirás ver nem a luz do sol. Diante de tantos desagrados, era só o que faltava, que se acrescentasse uma coisa dessa!"[21], disse-lhe com veemência.

Chegando ao local da aparição, os três pequenos pastores ajoelharam-se para recitar o Rosário e pouco depois, preanunciada

---

[20]Luigi Kondor (org.), *Memorie di suor Lucia - vol. 1*, Secretariado dos pastorinhos 2005, p. 82.
[21]Ibidem, p. 83.

pelo reflexo de luz que rapidamente se aproximava, a Virgem pôs-se à azinheira. Segundo o que conta Lúcia – na *Segunda memória*, escrita entre 7 e 12 de novembro de 1937, e da maneira mais cuidadosa possível na *Quarta memória* – foi muito precisa: "'O que quer de mim?', perguntei. 'Quero que venhais aqui dia 13 do próximo mês, que recitais o Rosário todos os dias, e que aprendais a ler. Depois vos direi o que quero'. Perguntei sobre a cura de um doente. 'Se ele se converte, será curado dentro de um ano'. 'Gostaria de lhe pedir que nos levasse ao Céu'. 'Jacinta e Francisco, levo-os dentro de pouco tempo, mas tu ficas aqui ainda por algum tempo. Jesus quer servir-se de ti para me fazer conhecer e amar. Ele quer estabelecer no mundo a devoção ao meu Coração Imaculado. A quem o aceita, eu prometerei a salvação e estas almas serão amadas por Deus, como flores postas por mim para ornar o seu trono'. 'Ficarei aqui sozinha?', perguntei com muita dor. 'Não, filha. E tu sofres muito? Não desencorajes. Eu não te deixarei jamais. O meu Coração Imaculado será o teu refúgio e o caminho que te conduzirá até Deus'"[22].

Pronunciando essas últimas palavras, a Virgem Santíssima abriu as mãos e comunicou novamente o que a vidente definiu "o reflexo daquela luz imensa, na qual nos víamos como imersos em Deus"[23]. Vendo, diante da palma da mão direita de Nossa Senhora, um coração coroado de espinhos que pareciam enfincados, as crianças compreenderam que era o Coração Imaculado de Maria, ultrajado pelos pecados da humanidade, que queria reparação. A isto fizeram referência falando em seguida de um segredo revelado por Nossa Senhora em junho, mesmo que naquele caso não haviam recebido a ordem de mantê-lo reservado, mas somente a sensação por parte dos videntes que fosse levada em consideração uma total discrição.

Alguns dias depois, dando-se conta de que a situação estava se tornando problemática, o pároco levou ao conhecimento da mãe de Lúcia que teria o desejo de falar com a menina. "Amanhã vamos à

---

[22]Ibidem, p. 171-172.
[23]Ibidem, p. 172.

Missa, de manhã cedo. Depois, vai à casa do pároco. Ele te obriga a confessar a verdade, o que quer que seja, castigue-te, faça de ti o que quiser, se te obriga a confessar que mentiste, eu fico contente"[24], foram as palavras da mãe Maria. Lúcia veio apavorada e informou aos primos o que a esperava: "Nós também vamos. O pároco disse também à nossa mãe para nos levar até lá, mas nossa mãe não nos disse nada dessas coisas. Paciência! Se nos baterem, sofreremos por amor ao Senhor e pelos pecadores"[25], respondeu-lhe com firmeza Jacinta.

A descrição daquele encontro estava ainda viva na mente de irmã Lúcia quando pôs por escrito, depois de mais de vinte anos. "Durante a Missa, ofereci a Deus o meu sofrimento. Portanto, atrás de minha mãe, atravessei o pátio, subi a escada da varanda da casa do pároco. Nos primeiros degraus, minha mãe se virou e me disse: 'Não me atormentes mais. Agora confessa ao pároco que mentiste, a fim de que ele possa dizer domingo na Missa que fora uma mentira e assim terminar para sempre. Mas são essas as coisas sensatas? Todos ali que correm para a Cova da Iria, para rezar diante de uma azinheira!' Sem mais palavras, bateu à porta. Veio a irmã do bom pároco que nos fez sentar sobre um banco para esperar um pouco. Enfim, veio o pároco. Fez-nos entrar em sua sala, fez sinal à mãe de sentar-se sobre um banquinho e me chamou perto da escrivaninha. Quando vi o reverendo a interrogar-me com muita calma e até com gentileza, fiquei maravilhada. Todavia, estava vendo o que teria acontecido depois. O interrogatório foi muito minucioso, quase, ousaria dizer, extenuante. O reverendo me fez uma pequena advertência, porque, dizia: 'Não me parece uma revelação do Céu. Quando estas coisas acontecem, geralmente o Senhor ordena às almas a quem se revela de contar o que acontece aos seus confessores ou párocos, mas esta, ao contrário, esconde-se o máximo possível. Isso pode também ser um engano do demônio. Veremos. O futuro nos dirá o que devemos pensar sobre isso'"[26].

---

[24] Ibidem, p. 84.
[25] Ibidem.
[26] Ibidem.

Na biografia, escrita depois da morte da vidente das irmãs do Carmelo de Coimbra, esse momento vem descrito como um dos mais angustiantes na vida de Lúcia: "Foi uma punhalada no fundo de sua consciência: seguiram-se noites de insônia e pesadelos terríveis que incomodavam o seu sono; desconforto, abandono da prática do sacrifício, vontade de deixar tudo de lado e dizer que no final das contas era tudo uma mentira, e começou sobretudo a amadurecer o propósito de não se apresentar mais aos encontros marcados com a aparição celeste todo dia 13 do mês"[27].

A pequena tinha o terror de ter sido vítima de um engano diabólico, a ponto de ter tido em uma noite um sonho que lhe aumentou ainda mais a escuridão espiritual: "Vi o demônio que, rindo porque tinha me enganado, esforçava-se para arrastar-me ao inferno. Vendo-me em suas garras, comecei a invocar Nossa Senhora, gritando de tal maneira que acordei minha mãe; a qual me chamou, preocupada, perguntando-me o que tinha acontecido. Não lembro o que respondi. Lembro apenas que naquela noite não consegui mais dormir, porque permaneci paralisada de medo. Este sonho deixou no meu espírito uma nuvem de verdadeiro medo e angústia. O meu único alívio era permanecer sozinha, em qualquer cantinho solitário, para chorar livremente. Comecei a sentir tédio até da companhia dos meus primos e por isso comecei a me esconder também deles"[28].

Coube à pequena Jacinta a tarefa de animá-la: "Não é o demônio, não! O demônio dizem que é muito feio e que está sob a terra, no inferno; aquela Senhora ao contrário é tão bonita, e nós a vimos subir ao Céu!"[29] Apesar disso, ainda em 12 de julho Lúcia não tinha a intenção de ir à Cova da Iria: "Chamei ainda Jacinta e Francisco e lhes informei sobre a minha decisão. Responderam: 'Nós vamos. Aquela Senhora nos disse para irmos'. Jacinta declarou-se pronta a falar ela com a Senhora, mas que se desculparia pelo fato de eu não

---

[27]Carmelo di Coimbra, *Un cammino sotto lo sguardo di Maria*, Edizioni Ocd 2014, p. 65-66.
[28]Luigi Kondor (org.), *Memorie di suor Lucia - vol. 1*, Secretariado dos pastorinhos 2005, p. 85.
[29]Ibidem.

ir, e começou a chorar. Perguntei-lhe por que chorava. 'Porque tu não queres vir'. 'Não, eu não vou. Ouça: se a Senhora te perguntar sobre mim, dize-lhe que não vou porque tenho medo que seja o demônio'. E os deixei sozinhos, para me esconder e não ter que assim responder às pessoas que vinham me interrogar"[30].

Um chamado misterioso

Mas, na manhã de 13 de julho, uma força irresistível empurrou Lúcia a um caminho, passando primeiro para pegar os dois primos, que estavam ainda em casa, em prantos e ajoelhados aos pés da cama, temerosos de irem sozinhos à Cova da Iria. Para chegar ao lugar da aparição tiveram algumas dificuldades, por causa da multidão que gradativamente preenchia o longo percurso. O encontro foi de qualquer modo respeitado: as crianças tinham há pouco começado a recitar o Rosário perto da azinheira, quando viram naquele momento o habitual reflexo de luz. Este foi o diálogo daquele dia, sempre narrado por Lúcia: "'O que quer de mim?', perguntei. 'Quero que venhais aqui no dia 13 do próximo mês, que continueis a recitar o Rosário todos os dias em honra a Nossa Senhora do Rosário, para obter a paz do mundo e o fim da guerra, porque somente ela vos poderá ajudar'. 'Gostaria de lhe pedir para dizer quem é; de fazer um milagre para que creiam todos que a Senhora nos aparece'. 'Continuai a vir aqui todos os meses. Em outubro direi quem sou, o que quero e farei um milagre que todos poderão ver para crer'. Neste ponto fez alguns pedidos, que não lembro bem. O que me lembro é que Nossa Senhora disse que precisava recitar o Rosário para obter as graças durante o ano. E continuou: 'Sacrificai-vos pelos pecadores, e dizei muitas vezes, especialmente todas as vezes que fazeis algum sacrifício: *Ó, Jesus, é por amor vosso, pela conversão dos pecadores e em reparação dos pecados cometidos contra o Coração Imaculado de*

---

[30]Ibidem, p. 86.

Maria'. Dizendo estas últimas palavras, abriu de novo as mãos, como nos dois meses anteriores"[31]. Logo depois, ela mostrou e explicou as três partes do Segredo.

Em cada uma das primeiras aparições, a Senhora tinha aberto as mãos e, portanto, as tinha abaixado: "Segundo a interpretação de irmã Lúcia, essa posição das mãos de Nossa Senhora representa o gesto atencioso da mãe que eleva o filho quando cai: a mão esquerda o eleva da terra e a mão direita o sustenta e o acaricia. É assim que ela se preocupa sempre amorosamente com os filhos que caem nas profundezas da dor e do pecado. A todos oferece a sua proteção, deseja ajudar a todos a levantar-se novamente e a caminhar no bem, único caminho de felicidade"[32].

Ao entrar em casa, ainda uma vez a mãe Maria mostrou todo o seu desapontamento e nos dias seguintes continuou a imputar-lhe que "estas pobres pessoas estão sendo certamente enganadas pelas vossas mentiras, e realmente não sei o que fazer para tirá-las do engano"[33]. Decidida a fazer-lhe confessar a mentira, acompanhou-a novamente até o pároco e, ao longo do caminho, parou na casa da cunhada Olímpia, assim que Lúcia conseguiu informar Jacinta sobre o que estava acontecendo: "Levanto-me rapidamente e chamo Francisco. Vamos ao teu poço para rezar. Quando voltares, vai até lá"[34], foi a resposta de sua prima.

O pároco, mais uma vez, acolheu-a com ternura e a interrogou com seriedade e delicadeza, servindo-se até de alguma astúcia para se certificar se a menina se contradizia a respeito do narrado anteriormente. A sua conclusão foi novamente interlocutória: "Não sei o que dizer ou o que fazer, com todo este caso!"[35]. Lúcia correu ao poço e encontrou os outros dois atentos a rezar de joelhos: "Assim que me viram, Jacinta veio correndo a me abraçar e a me perguntar como eu tinha feito. Contei-lhes.

---

[31]Ibidem, p. 172-173
[32]Carmelo di Coimbra, *Un cammino sotto lo sguardo di Maria*, Edizioni Ocd 2014, p. 73.
[33]Luigi Kondor (org.), *Memorie di suor Lucia - vol. 1*, Secretariado dos pastorinhos 2005, p. 87.
[34]Ibidem, p. 49.
[35]Ibidem, p. 87.

Depois me disse: 'Viste? Não devemos ter medo de nada! Aquela Senhora nos ajuda sempre, quer tanto o nosso bem!'"[36]

Enquanto isso as autoridades municipais também tremiam. Em 10 de agosto, a Antônio dos Santos e a Manuel Pedro Marto chegou a ordem de se apresentarem com os seus filhos, no dia seguinte, diante de Artur de Oliveira Santos, o prefeito de Vila Nova de Ourém, a 14 kilômetros de distância de Aljustrel. O pai dos primos foi enérgico: "Eles a pé não conseguirão ir, e com o burro não são capazes de se segurarem na sua sela, porque não estão habituados. Além do mais, não tenho nenhuma obrigação de conduzir ao tribunal duas crianças daquela idade". O de Lúcia, ao contrário, consentiu: "A minha vai. Ela que responda. Eu de tais coisas não entendo nada. E se está mentindo, é por bem que seja castigada"[37]. Acompanhada pelo pai e pelo tio, a menina fez a viagem montada sobre o dorso de um burrinho, do qual caiu três vezes ao longo do trajeto, vencida pelo sono.

Na cidade, revocou em seguida Lúcia, "fui interrogada pelo prefeito, na presença de meu pai, do tio e de vários senhores, que não sei quem eram. O prefeito queria, por toda força, que lhe revelasse o segredo e que lhe prometesse não voltar mais à Cova da Iria. Para atingir o seu objetivo, não economizou promessas e, por fim, ameaças. Vendo que não obtinha nada, despediu-se de mim protestando que conseguiria, mesmo que tivesse de tirar minha vida. A meu tio deu um enorme grito, porque não tinha obedecido às suas ordens, e no fim deixaram-nos voltar para casa"[38]. Também desta vez Jacinta e Francisco foram rezar perto do poço, onde a prima os encontrou no início da noite: "Mas tu estás aqui? Veio tua irmã (Maria dos Anjos) para pegar água, e nos disse que já tinham te matado. Já rezamos e choramos tanto por ti!"[39]

Dois dias depois, em 13 de agosto, o prefeito foi a Aljustrel e convocou à paroquia as três crianças que, diante dele e de

---

[36] Ibidem, p. 49.
[37] Ibidem, p. 88.
[38] Ibidem, p. 89.
[39] Ibidem, p. 50-51.

três sacerdotes, continuaram a afirmar que estavam dizendo a verdade à respeito das aparições e que do segredo não podiam falar. "Estas são coisas sobrenaturais, vamos ver"[40], rebateu Artur de Oliveira Santos, e convenceu os videntes a subir à carroça, que partiu a toda velocidade em direção à Vila Nova de Ourém, onde permaneceram fechados em uma cela sob forte ameaça: "Deixar-vos-emos aqui enquanto não tivéreis revelado o segredo. Se não fizerdes logo, sereis fritos no óleo"[41].

Depois de uma noite dormindo sobre a palha, no dia 14 foram interrogados por um longo tempo, entre ameaças de morte e promessas de recompensas. A certo ponto, um policial disse em voz alta que estava esquentando um caldeirão cheio de óleo para fritá-los. Jacinta foi levada primeiro para fora da cela, com o convite de escolher entre revelar o segredo ou morrer no óleo quente. Ela declarou querer o martírio e Francisco comportou-se da mesma maneira. Ficando sozinha, Lúcia também se preparou para o suplício, mas na sala para onde fora conduzida reencontrou os primos em perfeita saúde e firmes no propósito do silêncio. Depois de uma noite na prisão, as crianças foram levadas à igreja de Fátima em 15 de agosto, no momento em que estavam saindo os fiéis que haviam participado da solene Missa de Madre Assunta.

Em termos de registro, eis o comentário seco que fez a mãe de Lúcia: "Não, eu não estava aflita. Pensei: se é verdade que viram Nossa Senhora, ela os protegerá, mas se mentem, é por bem que os forcemos a dizer que mentiram. A eles, três crianças tão pequenas, não podem fazer grande mal. Dado que os republicanos não querem saber de Deus, nem da Santa Virgem, talvez conseguirão eles dizer que mentiram e tudo isso, de uma vez por todas, terminará. Ah se Deus quiser!"[42]

Em 19 de agosto, somente Francisco, junto ao irmão João, acompanhou

---

[40] Carmelo di Coimbra, *Un cammino sotto lo sguardo di Maria*, Edizioni Ocd 2014, p. 81.
[41] Ibidem, p. 82.
[42] Ibidem, p. 90.

Lúcia no pasto, visto que a mãe Olímpia havia proibido Jacinta de sair de casa. Encontravam-se no campo de Valinhos, a pouca distância de suas casas, quando a menina entendeu que a Virgem Santíssima estava chegando. João correu para chamar Jacinta, assim os três videntes puderam ter juntos a quarta aparição, também descrita por Lúcia, que no início fez a habitual pergunta sobre o que Nossa Senhora queria dela, recebendo como resposta: "Quero que continueis a vir à Cova da Iria no dia 13, que continueis a recitar o Rosário todos os dias. No último mês, farei o milagre, a fim de que todos creiam".

Portanto o diálogo continuou assim: "'O que quer que se faça do dinheiro que as pessoas deixam na Cova da Iria?' 'Fazei dois andores: um, leva-o tu com Jacinta e outras duas crianças vestidas de branco; o outro, leva-o a Francisco com outras três crianças. O dinheiro dos andores é para a festa de Nossa Senhora do Rosário, e o que sobrar é para a construção de uma capela, que hão de mandar fazer'. 'Gostaria de lhe pedir a cura de alguns doentes'. 'Sim, alguns eu os curarei dentro de um ano'. E tomando um aspecto mais triste: 'Rezai, rezai muito; e fazei os sacrifícios pelos pecadores, porque muitas almas vão para o inferno, já que não existe quem se sacrifique e interceda por elas'. E, como de costume, começou a elevar-se em direção ao oriente"[43].

Naquele dia, Jacinta retirou dois galhos da árvore sobre os quais a Virgem tinha posto os pés e, passando diante da casa de sua tia Maria Rosa, mostrou-lhes, para rebater sobre a acusação de ser uma das grandes mentirosas. A tia permaneceu surpresa com o maravilhoso perfume exalado dos ramos e ficou sem palavras, mas logo depois a sua razão foi mais prosaica: "Se aquela Senhora aparecesse em Valinhos seria uma coisa boa, porque assim aquelas pessoas desistiriam de ir à Cova da Iria. Aqui em Valinhos não causariam tantos danos, porque a terra não é cultivada!"[44]

---

[43]Luigi Kondor (org.), *Memorie di suor Lucia - vol. 1*, Secretariado dos pastorinhos 2005, p. 174-175.
[44]Carmelo di Coimbra, *Un cammino sotto lo sguardo di Maria*, Edizioni Ocd 2014, p. 88-89.

A promessa e o milagre

Mas, em 13 de setembro, as suas esperanças foram destruídas pela chamada interior que empurrou novamente os videntes à Cova da Iria, onde chegaram em companhia de muita gente. Lúcia descreveu com vivacidade a situação: 'Um grande número de pessoas, até senhoras e senhores, tentando abrir um espaço entre a multidão que se espremia em torno de nós, vinham a lançar-se de joelhos diante de nós, pedindo-nos para apresentar a Nossa Senhora as suas necessidades. Outros, não conseguindo chegar perto de nós, gritavam de longe: 'Pelo amor de Deus! Pedi a Nossa Senhora que cure meu filho, que é um pobre coitado!' Um outro: 'Que cure meu filho, que é cego!' Um outro: 'O meu, que é surdo!' Que retorne a casa o meu marido!' 'Meu filho está na guerra!' 'Que se converta um pecador!' 'Que me dê saúde, porque sou tuberculoso!'... Lá se viam todas as misérias da pobre humanidade; alguns gritavam até de cima das árvores e dos muros, onde subiam para ver-nos passar. Dizendo a alguns que sim, apertando a mão a outros para ajudar a tirar o pó da terra, avançámos lentamente, com a ajuda de alguns senhores que nos abriam a estrada entre a multidão"[45].

Pouco depois de terem começado a rezar o Rosário, as crianças viram como de costume o reflexo de luz e a Santíssima Virgem em pé sobre a azinheira, que lhes dirigiu palavras muito amorosas, acompanhadas por uma extraordinária promessa: "'Continuai a recitar o Rosário para obter o fim da guerra. Em outubro, virá também o Senhor, Nossa Senhora das Dores, Nossa Senhora do Carmo, são José com Menino Jesus, para abençoar o mundo. Deus está contente com os vossos sacrifícios, mas não quer que dormis com a corda. Levai somente durante o dia. 'Suplicaram-me para que lhe pedisse muitas coisas: a cura de alguns doentes, de um surdo-mudo'. 'Sim, alguém eu curarei. Outros, não. Em outubro, farei o milagre, para

---

[45]Luigi Kondor (org.), *Memorie di suor Lucia - vol. 1*, Secretariado dos pastorinhos 2005, p. 175.

que todos creiam". E começando a elevar-se, desapareceu como nas outras vezes"[46].

Quando se espalhou a voz de que em outubro ocorreria algo importante, também alguns jornais começaram a se interessar pelo acontecimento, assim que a notícia chegou até a locais onde ninguém tinha ouvido falar das aparições de Fátima. Foram propagadas informações de todos os tipos, inclusive a de que as autoridades teriam a intenção de explodir uma bomba na Cova da Iria, de modo a matar todos os que estivessem ali. Mesmo diante do medo de que tal ameaça fosse verdadeira, obrigaram-se os pais de Lúcia a acompanhá-la, naquele 13 de outubro: "Se nossa filha deve morrer lá, nós queremos morrer ali com ela"[47], foi a decisão compartilhada com o marido da mãe de Maria.

O céu estava cinzento e a chuva caía sem parar desde o dia anterior. Apesar de o terreno ter se transformado em uma lama, ao redor de todo o lugar das aparições se tinham reunido ao menos 70.000 pessoas, vindas de todas as partes de Portugal, inclusive alguns jornalistas de periódicos anticlericais que pretendiam desmentir as crianças. Alcançada a azinheira, Lúcia sentiu-se movida por um impulso interior para dizer às pessoas que fechassem os guarda-chuvas, enquanto efetivamente as nuvens pouco a pouco se abriam e deixavam filtrar os raios de sol.

Assim Lúcia descreveu o diálogo daquele último encontro público: 'O que quer de mim?' 'Quero dizer-te que façais aqui uma capela em minha honra; que sou Nossa Senhora do Rosário; que continueis sempre dizendo o Rosário todos os dias. A guerra terminará e os soldados voltarão logo às suas casas'. 'Eu teria muitas coisas para lhe pedir: se cura alguns doentes e se converte alguns pecadores'. 'Alguns, sim, outros, não. Devem reparar-se; peçam perdão dos seus pecados'. E tomando um aspecto mais triste: 'Não ofendam mais Deus Nosso Senhor, que está já muito ofendido'. E

---

[46]Ibidem, p. 176.
[47]Carmelo di Coimbra, *Un cammino sotto lo sguardo di Maria*, Edizioni Ocd 2014, p. 97.

abrindo as mãos, fê-las refletir no sol; e enquanto elevava, o reflexo de sua própria luz continuava a projetar-se no sol"[48].

Imprevisilmente, a respeito da profecia sobre a guerra, a história de Portugal mostra como a mudança política ao findar 1917 – resultado das eleições municipais de 14 de outubro e da tomada do poder, o posterior 5 de dezembro, de Sidónio Cardoso da Silva Pais, que se tornou presidente da república e primeiro ministro – tenha determinado um novo pensamento sobre a participação nos combates, a ponto de, em abril de 1918, o governo convocar os 40.000 homens do Corpo de expedição e somente um pequeno contingente de voluntários prosseguir comprometidamente com a frente francesa.

Desaparecida a Virgem do Rosário, a visão porém prosseguiu: "Vimos, perto do sol, São José com o Menino Jesus e Nossa Senhora, vestida de branco, com um manto azul. São José e o Menino Jesus pareciam abençoar o mundo, com alguns gestos em forma de cruz traçadas com a mão. Pouco depois, desvanecida esta aparição, vi o Senhor e a Nossa Senhora, que acreditei ser Nossa Senhora das Dores. O Senhor parecia abençoar o mundo, do mesmo modo que São José. Desapareceu esta visão, e acreditei ver de novo Nossa Senhora, com o aspecto semelhante ao de Nossa Senhora do Carmo"[49].

Ao mesmo tempo, solicitados por uma outra inspiração interior de Lúcia que – mesmo não vendo nada no sol – tinha chamado a atenção dos presentes a fixá-lo, todos dirigiram o olhar ao alto e primeiro veio uma decepção, em seguida, surgiu o terror em suas faces. Retomamos a narração do que aconteceu do artigo que o redator-chefe Avelino de Almeida publicou dois dias depois na primeira página do cotidiano *O Século*, de Lisboa, de orientação liberal-maçônica e anticlerical, o mais vendido naquela época em Portugal (e que passado o 23 de julho tinha deixado cair sobre os eventos de Fátima a suspeita de uma "especulação comercial").

---

[48]Luigi Kondor (org.), *Memorie di suor Lucia - vol. 1*, Secretariado dos pastorinhos 2005, p. 177.
[49]Ibidem.

Depois de ter-se certificado de que "às dez o céu escurece totalmente e não tarda a cair uma forte chuva", afirma o articulista que, pouco depois do meio-dia, assim que as crianças dizem que Nossa Senhora apareceu, "o céu, antes caliginoso, começa rapidamente a clearar-se no alto; a chuva cessa e se apresenta o sol que inunda de luz a paisagem". Portanto, "assiste-se a um espetáculo único e incrível para quem não foi uma testemunha disso. [...] O astro parece um disco de prata escuro e é possível fixá-lo sem o mínimo esforço. Não queima, não cega. Poder-se-ia dizer que se realizava um eclipse. Mas eis que um grito colossal se levanta, e aos espectadores que se encontram mais perto ouvem-se os gritos: 'Milagre, Milagre! Maravilha, maravilha!'. [...] O sol tremeu e jamais se viu movimentos bruscos fora de todas as leis cósmicas, o sol 'dançou', segundo a típica expressão dos camponeses"[50]. Às críticas as quais imediatamente viraram discussão, de Almeida limitou-se a replicar, na *Ilustração portugueza* após 29 de outubro: "Milagre, como gritava o povo, fenômeno natural, como dizem os cultos? Não me preocupo agora de saber, mas somente de afirmar de tê-lo *visto*. O resto depende da ciência e da Igreja"[51].

José Maria Proença de Almeida Garrett, professor na faculdade de Ciências Naturais da Universidade de Coimbra, afirmou que o sol "mantinha a sua luz e o seu calor e entelhava o céu com os seus nítidos contornos; a coisa mais surpreendente era poder contemplar o disco solar, por um longo tempo, brilhante de luz e calor, sem ferir os olhos ou danificar a retina. [...] O disco do sol não permaneceu imóvel: tinha um movimento vertiginoso, mas não como a cintilação de uma estrela em todo o seu esplendor, porque ele girava em torno de si mesmo em voltas absurdas. [...] Depois disso, de repente, ouviu-se romper de todos um clamor, um grito de angústia. O sol, girando descontroladamente, pareceu soltar-se de modo inesperado

---

[50]Esta, e os testemunhos consecutivos, encontram-se traduzidas em *https://it.wikipedia.org/wiki/Miracolo_del_sole*.

[51]Ana Cláudia Vicente, *Almeida, Avelino de*, in Carlos Moreira Azevedo - Luciano Cristino (org.), *Enciclopedia di Fatima*, Cantagalli 2010, p. 16.

do firmamento e, vermelho como sangue, avançar ameaçadoramente em direção à terra como a esmagar-nos com o seu peso imenso e ardente"[52]. Foi uma experiência que não envolveu unicamente os presentes à Cova da Iria, como tantos outros, testemunhou Inácio Lourenço, que se encontrava em Alburitel (distante 16 quilômetros de Fátima): "Olhei fixamente o sol que parecia pálido e não feria os olhos. Parecia uma bola de sol em movimento de rotação. De repente parecia descer em zigue-zague ameaçando a terra. Aterrorizado, corri e escondi-me entre a multidão, a qual estava chorando e esperava o fim do mundo como iminente"[53].

Como confirmação do extraordinário momento, houve um prodigioso evento posteriormente: todos os presentes, que haviam estado por um longo tempo sob a chuva torrencial e tinham as roupas ensopadas, inesperadamente viram-se completamente secos. Documentou, dentre muitos, o acadêmico Marques da Cruz, que em 1937 interrogou "dezenas e dezenas de pessoas de extrema confiança, que conheci intimamente desde a infância, e que estão ainda vivos, bem como pessoas provenientes de vários distritos da vila que estavam no lugar"[54]. A explicação que todos deram, a começar por Pinto Coelho no cotidiano *A Ordem*, de Lisboa: "O sol parecia aproximar-se da terra e emanava um forte calor"[55]. Maria Saraiva Vieira de Campos exemplificou com uma imagem: "Sentíamo-nos como se tivéssemos entrado em um banho turco superaquecido"[56].

O teólogo e físico padre Stanley Jaki, nomeado membro da Pontifícia Academia das Ciências e vencedor do prêmio Templeton 1987 para o progresso na pesquisa sobre realidades espirituais, sugeriu a explicação técnico-científica da "refração ótica", sem porém desconhecer o caráter milagroso: "A explicação reside no

---

[52]John de Marchi, *The True Story of Fatima*, p. 56. O texto integral está disponível no endereço de Internet: *http://www.biblicalcatholic.com/apologetics/TrueStoryOfFatima-byJohnDeMarchi.pdf*.
[53]Ivi, p. 57.
[54]Jean Joseph Castelbranco, *Le prodige inouï de Fatima*, Édition Ange-Michel 1942, p. 54.
[55]John de Marchi, *The True Story of Fatima*, p. 139.
[56]Claude Jean-Nesmy, *La vérité de Fatima*, Éditions S.O.S. 1980, p. 120.

fato de que as duas correntes de vento que se encontram em um ângulo possam fazer com que uma massa de ar entre em movimento rotativo. Caso ocorra uma inversão de temperatura, tal massa não irá somente girar, mas será empurrada do alto a baixo, muito provavelmente seguindo uma órbita elíptica. As dimensões de tal refração ótica podem variar entre cerca de poucos metros e de 30 metros. Se, por outro lado, for preenchida por partículas de gelo, poderá fragmentar a luz do sol em várias, ou pelo menos algumas, cores do arco-íris, como observado em Fátima. [...] O caráter milagroso desta refração ótica deve ser pesquisado na formação surgida na Cova da Iria e na previsão feita por Lúcia meses antes, e no fato de que a refração ótica, sendo tão frágil, deve ter mantido a sua forma por cerca de quinze minutos, depois de ter seguido duas ou três trajetórias elípticas em direção à terra. A explicação do evento através de uma refração ótica é satisfatória para um conjunto de circuntâncias que são milagrosas à medida que são imprevisíveis e muito raras"[57].

É de qualquer modo conveniente sublinhar que o de outubro foi o mais espetacular dos eventos dados a Fátima, sobretudo a presença de tantos espectadores, muitos dos quais céticos. Mas também em ocasião das aparições precedentes havia numerosos e diversificados fenômenos, testemunhados por escrito pelos presentes ou coletados por cronistas e ensaístas.[58] Por exemplo, em 13 de junho, Maria Carreira declarou ter ouvido, enquanto Lúcia conversava com a visão, "um leve murmúrio", enquanto outros viram "os galhos da árvore inclinarem-se para baixo, como se existisse um peso" e por fim notaram "uma pequena nuvem que subiu docemente a leste, até desaparecer completamente"[59].

---

[57]Jaki Stanley, *Miracolo del sole*, in Carlos Moreira Azevedo - Luciano Cristino (aos cuidados), *Enciclopedia di Fatima*, Cantagalli 2010, p. 295.

[58]Ao tema dedicou amplo espaço irmão Michel de la Sainte Trinité no ensaio *The whole truth about Fatima*. O texto integral está disponível no endereço de Internet: *http://www.catholicvoice.co.uk/fatima1/index.htm*.

[59]Casimir Barthas, *Fatima 1917-1968*, Fatima Éditions 1969, p. 146.

Durante a aparição de 13 de julho, também Manuel Pedro Marto ouviu "um zumbido como o de um mosquito em uma garrafa vazia" e junto a outros viu "a luminosidade do céu notavelmente reduzida, como durante um eclipse, e a temperatura sensivelmente resfriada, enquanto em torno dos videntes se formou uma nuvem esbranquiçada"[60]. Depois da aparição de agosto, que aconteceu inesperadamente dia 19, também em 13 de setembro houve surpreendentes eventos, como o que é descrito, entre outros, pelo sacerdote John Quaresma, que em seguida se tornou vigário geral de Leiria: "Com grande deslumbramento vi, claramente e distintamente, um globo luminoso, que se movia de leste a oeste, escorregando lentamente e majestosamente no espaço, e então desaparecido improvisamente para depois ressurgir de novo e distanciar-se ao final da aparição"[61]. Além disso, muitos dos peregrinos viram cair do céu "uma chuva de pétalas brancas, ou de brilhantes flocos de neve, que desciam lentamente e desapareciam"[62].

As duas testemunhas

Durante toda a viagem de regresso desde a última aparição da Virgem, em 13 de outubro de 1917, Lúcia foi sobrecarregada de perguntas e de solicitações. Chegando a casa, adormeceu exausta de tanto cansaço, mas ao acordar encontrou ao lado de fora da porta uma multidão de pessoas em fila para falar com ela. Foi assim por vários dias e os sacerdotes que chegavam para interrogá-la lhe faziam surgir dúvidas e escrúpulos sobre coisas que pudesse ou não dizer. A socorrê-la foi padre Faustino José Jacinto Ferreira, pároco de Olival e de Vila Nova de Ourém, a quem a menina percebeu como um enviado do Céu quando lhe sugeriu: "Fazei bem, filhos meus, a conservar por Deus e por vós o segredo das vossas almas.

---

[60]John de Marchi, *The True Story of Fatima*, p. 76.
[61]Ibidem, p. 112.
[62]Claude Jean-Nesmy, *La vérité de Fatima*, Éditions S.O.S. 1980, p. 115.

Quando vos fizerem aquela pergunta, respondei: 'Sim, disse-nos, mas é um segredo'. Se continuarem a fazer-vos perguntas com este propósito, pensai no segredo que Nossa Senhora vos revelou e dizei: 'Nossa Senhora nos disse para não dizê-lo a ninguém; portanto não o dizemos'. Assim, conservai o vosso segredo da Santíssima Virgem protegido"[63].

A partir daquele momento, as pessoas se apresentaram diante das casas das famílias dos Santos e Marto de maneira contínua e desmedida, a ponto de levarem os pais, por volta da metade de 1918, a não mandarem mais as três crianças ao pasto, das quais constantemente deviam chamar a atenção devido às forçosas solicitações para encontrá-los. Lúcia, depois que os pais estabeleceram que realmente venderiam o rebanho, em setembro pôde começar a frequentar as aulas para aprender a ler e a escrever (como havia pedido Nossa Senhora), enquanto Francisco e Jacinta permaneceram em casa, substituídos no rebanho pelo irmão João, depois de um breve período durante o qual eles também foram à escola.

No final de outubro, de fato, Francisco contraiu a gripe "espanhola" que, como uma desenfreada epidemia, atingiu entre 1918 e 1919 cerca de um bilhão de pessoas em todo o mundo, matando em torno de 25 milhões. E no fim de dezembro também Jacinta foi contagiada. Para os pequenos irmãos, a doença representou um modo posterior de fazer penitência, como testemunhou Lúcia em suas *Memórias*. Era o cumprimento da visão de 13 de junho de 1917, ao final Francisco perguntou a sua prima: "Por que Nossa Senhora estava com um Coração em sua mão, espalhando sobre o mundo aquela luz tão grande que é Deus? Tu estavas com a Santíssima Virgem na luz que descia em direção à terra, e Jacinta comigo naquela que subia ao Céu", e sentiu poder responder: "É porque tu e Jacinta ireis logo ao Céu; enquanto eu ficarei ainda algum tempo com o Coração Imaculado de Maria aqui na terra"[64].

---

[63]Carmelo di Coimbra, *Un cammino sotto lo sguardo di Maria*, Edizioni Ocd 2014, p. 104.
[64]Luigi Kondor (org.), *Memorie di suor Lucia - vol. 1*, Secretariado dos pastorinhos 2005, p. 141.

Francisco morreu em 4 de abril de 1919 em sua casa, em Aljustrel. Na noite anterior, recebeu o último abraço de Lúcia: "Francisco, adeus! Se vais para o Céu esta noite, não te esqueças de mim lá em cima, entendeste? – Não te esqueço, não; fica tranquila"[65]. Jacinta o alcançou em 20 de fevereiro de 1920 e os seus últimos meses de vida foram dolorosos. Depois de uma primeira internação no hospital local entre julho e agosto de 1919, na tentativa de curar uma ferida que se lhe abrira no peito, voltou para casa, mas depois foi internada de novo no hospital Dona Estefânia de Lisboa com o diagnóstico de pleurisia purulenta no pulmão direito e inflamação aguda em duas costelas. Em 10 de fevereiro, foi inutilmente operada, porém Nossa Senhora lhe havia já revelado o dia e a hora em que teria vindo buscá--la e lhe havia preanunciado que não haveria parentes ou amigos ao seu lado no momento de sua morte.

Irmã Lúcia sempre foi convencida de que "os dois primos tinham sido escolhidos para serem testemunhas: uma vez certa de seus testemunhos, Maria teria vindo para buscá-los e levá-los ao Céu, como lhes havia prometido durante a primeira aparição, enquanto ela tinha de permanecer para percorrer um caminho longo e difícil"[66]. Como única vidente em vida, e depois que em 30 de julho também seu pai Antônio morrera de pneumonia, ao fim de junho de 1921, aos catorze anos de idade, Lúcia entrou no colégio das irmãs Doroteias, no Porto.

Nossa Senhora do Rosário havia respondido às dúvidas que a tinham afligido quanto a essa decisão, completando sua realização, em 15 de junho de 1921, de acordo com a promessa de 13 de maio de 1917: "Pensativa e solícita, ainda uma vez desceste sobre a terra, e foi então que senti a tua mão amiga e materna a tocar meus ombros; levantei o olhar e te vi: eras tu, a Mãe bendita que me davas a mão e me indicava o caminho; os teus lábios se entreabriram e o doce tom da tua voz restituiu a luz e a paz à minha alma. 'Estou aqui

---

[65]Ibidem, p. 161.
[66]Carmelo di Coimbra, *Un cammino sotto lo sguardo di Maria*, Edizioni Ocd 2014, p. 46.

pela sétima vez. Vai, prossegue o caminho ao longo do qual o bispo desejará conduzir-te. Esta é a vontade de Deus'. Repeti então o meu 'Sim', naquele dia muito mais consciente do que no dia 13 de maio de 1917"[67]. Depois dessa nova aparição, Lúcia viu claramente o seu futuro: "Lembrei-me de minha querida Nossa Senhora do Carmo e naquele momento senti a graça da vocação para a vida religiosa e a atração para a clausura do Carmelo. Escolhi como protetora a querida irmã Teresinha do Menino Jesus. Alguns dias depois, a conselho do bispo, tomei como norma e obediência e como regra as palavras de Nossa Senhora citadas no Evangelho: 'O que quer que vos diga, fazei'"[68].

No instituto, para evitar que se pudesse reconhecer em Lúcia a vidente de Fátima, mudaram seu nome para Maria das Dores e deram-lhe a ordem de não falar jamais sobre suas origens. Os únicos a conhecerem a sua verdadeira identidade foram a superiora das Doroteias, madre Maria das Dores Magalhães, e o capelão do instituto, monsenhor Manuel Pereira Lopes, assim o encontro com a professora e as colegas de classe, no dia seguinte, foi surreal: "*Como te chamas?* Maria das Dores. *E de sobrenome?* Não tenho sobrenome. *De onde vens?* Das proximidades de Lisboa. *Mas como, não sabes como se chama o teu lugar de origem? E os teus pais como se chamam?* Eu sempre quieta: obviamente me tomaram por louca"[69].

Lúcia frequentou até a quarta série, mas não pôde superar o exame para a admissão no ensino médio, pois era necessário apresentar-se diante da comissão com um documento, que revelasse a sua identidade. A menina ficou desapontada, mas "até o fim de sua existência terrena, concluiu que aquela renúncia lhe tinha sido solicitada para a glória de Deus e tinha servido para selar a mensagem de Fátima: 'Se tivesse estudado e soubesse escrever bem poderia parecer que tivesse redigido as *Memórias* como uma obra literária,

---

[67]Ibidem, p. 135-136.
[68]Ibidem, p. 136.
[69]Ibidem, p. 143.

mas o fiz na genuína pureza e simplicidade de alguém que sabe dizer somente o que viu e sentiu, sem artifícios e requintes linguísticos"[70]. Tinha-lhe confirmado diretamente Jesus: "Não fique triste: não estudarás, mas te darei sabedoria. A mensagem foi confiada aos cuidados de minha hierarquia"[71].

O bispo de Leiria empenhou-se completamente na pesquisa da verdade sobre as aparições de Fátima, que continuavam a suscitar fortes contrastes, como documentou o atentado de 6 de março de 1922 – quando a pequena capela construída na Cova da Iria veio a ser destruída por quatro bombas, deixando intacto somente o altar, pois a quinta bomba não explodiu. Para o local, em 13 de maio seguinte, houve uma peregrinação de cerca de sessenta mil devotos em resposta à reconstrução, apesar da ameaçadora presença da Guarda Nacional Republicana de Santarém.

Em 13 de maio de 1922, o monsenhor Correia da Silva constituiu a comissão canônica para a avaliação dos eventos, composta por cinco especialistas, e em 8 de julho de 1924 Lúcia é também interrogada como testemunha oficial. A opinião positiva expressa no relatório da comissão foi incisivamente ratificada pelo bispo com a carta pastoral *A divina Providência* de outubro de 1930, na qual afirmava considerar justo: "1. Declarar como dignas de crédito as visões obtidas pelas crianças na Cova da Iria da paróquia de Fátima, nesta diocese, no dia 13 dos meses de maio a oututbro de 1917; 2. Permitir oficialmente o culto a Nossa Senhora de Fátima"[72].

Consagrada entre as Doroteias

Entretanto, em 26 de agosto de 1923, Lúcia foi admitida como agregada entre as Filhas de Maria e, com a permissão do confessor, consagrou-se à Virgem e expressou a Deus o voto particular de

---

[70]Ibidem, p. 152.
[71]Ibidem, p. 153.
[72]Antonio Maria Martins (org.), *Lucia racconta Fatima*, Queriniana 1999, p. III-IV.

castidade perpétua. Em 24 de agosto de 1925 recebeu a crisma e, em 25 de outubro seguinte, partiu como postulante para a casa de noviciado das Doroteias, em Tuy, na Espanha, de onde prosseguiu para o convento de Pontevedra, cerca de cinquenta quilômetros ao norte. Lá teve duas aparições relativas à referida "Grande promessa do Coração Imaculado de Maria", que por ordem de seu diretor espiritual, o jesuíta Josè da Silva Aparício, contou por escrito em fim de dezembro de 1927, falando de si mesma em terceira pessoa, sucessivamente a uma terceira aparição acontecida em Tuy (depois do retorno o qual havia feito em 19 de julho de 1926, para começar o noviciado em 2 de outubro seguinte).

Durante o noviciado nas Doroteias, Lúcia vivenciou fortes dúvidas sobre a oportunidade de ficar nessa congregação, ou então seguir a antiga vocação que a chamava nas Carmelitas. Uma série de eventos problemáticos, em particular no dia da emissão dos votos temporários, em 3 de outubro de 1928, deram-lhe certeza de que seu futuro seria no Carmo. Diante do tabernáculo, pronunciou estas palavras: "A tua resposta é tão clara, meu Deus, que eu não tenho mais dúvidas. Falta-me saber somente como e quando tu queres que, abrindo as asas, eu tome voo"[73].

A vidente documenta essa constante relação de Jesus e Maria em uma carta sua de 19 de janeiro de 1928 na qual, referindo-se à visão de 17 de dezembro de 1927, informava padre Aparício de vê--la permanentemente na capela para pedir iluminação sobre o que tivesse que fazer: "Assim que bati à porta do tabernáculo, o silêncio que reinava há seis meses fora interrompido e, sentindo-me plena de um bem e de uma luz sobrenaturais, fiquei não sei como. Parecia que Jesus tinha-me levado consigo. Depois de ter passado por alguns instantes assim, Jesus acabou por deixar-me com uma paz e doçura de um modo, e posso garantir, que nunca havia sentido"[74]. Não temos notícias da visão dos seis meses anteriores, somente o fato de que a

---

[73]Carmelo di Coimbra, *Un cammino sotto lo sguardo di Maria*, Edizioni Ocd 2014, p. 204.
[74]Ibidem, p. 200.

— 38 —

vidente se lamenta dessa longa ausência de comunicação o que nos faz imaginar que anteriormente tenha tido outras oportunidades de diálogos com o Céu que não são de nosso conhecimento.

Em 3 de outubro de 1934, ao fim dos seis anos de noviciado, Lúcia emitiu os votos perpétuos, encorajada por monsenhor Antônio García y García, arcebispo de Valladolid, que lhe sugeriu fazer para o momento a profissão solene nas Doroteias, tendo em vista a difícil situação política na Espanha, com o propósito de futuramente ajudá-la a entrar no Carmelo. Depois de ter invocado a Santíssima Trindade e implorado a assistência de Nossa Senhora, expressou assim a oração: "Suplico-vos, portanto, Deus onipotente e misericordioso, pelo precioso sangue de vosso Filho Jesus, que sejais dignos de aceitar este holocausto com suavidade, e como que me permitiste tão benignamente de oferecê-lo, assim pela vossa infinita piedade concedei-me a graça abundante para cumpri-lo fielmente"[75].

Nos vinte anos transcorridos entre as Doroteias, procurando sempre viver escondida, irmã Maria das Dores desenvolveu tarefas de guarda-roupeira, tendo em vista a habilidade no costurar e no bordar, porteira, de ajudante no refeitório das educandas e também de catequista das crianças. Sempre que possível, recolhia-se na capela para íntimas entrevistas com Jesus e com a Virgem, que lhe apareciam em mais ocasiões. Foram anos difíceis, embora sem envolvê-la diretamente, por causa da guerra civil que arrasou a Espanha entre 1936 e 1939 e do conflito mundial que alcançou a península ibérica, com tanta pobreza e devastação.

Vários problemas de saúde a afligiam, em particular uma grave pleurisia e supuração em uma perna, fazendo-a pensar que sua tarefa aqui na terra estivesse se aproximando a uma conclusão: "Escrevo sobre meu leito no qual me encontro há dezessete dias com uma febre bastante alta: talvez isso seja somente o princípio do fim e estou feliz. É um bem para mim, pois enquanto está terminando a minha missão na terra, o bom Deus me está preparando o caminho para o Céu"[76],

---

[75]Ibidem, p. 238.
[76]Ibidem, p. 301.

confiou por exemplo ao bispo de Leiria em 1º de julho de 1943. Uma certeza que se tinha intensificado nela depois de ter levado ao fim a elaboração das *Memórias* e do texto do "terceiro Segredo". Mas o Céu tinha outros planos, de modo que, depois da convalescência, irmã Maria das Dores retomou os seus cargos em Tuy.

Em 13 de maio de 1946, viveu somente à distância a solene coroação da estátua de Nossa Senhora de Fátima por parte do cardeal Benedetto Aloisi Masella, enviado pontifício de Pio XII, o qual tinha desejado deste modo cumprir um gesto de especial gratidão à Rainha da Paz pela assistência recebida naqueles dramáticos tempos. A vidente acompanhou a cerimônia por meio do rádio, considerando prudente participar do evento enviando um ramo de rosas do convento, que sua madre superiora, Maria do Carmo Cunha Matos depositou aos pés da venerada imagem.

Por isso, dois dias depois, veio-lhe como uma surpresa a notícia de que teria que ir a Portugal, onde a esperava a madre provincial. Chegando ao Porto, em 20 de maio proseguiu a Fátima, onde voltava pela primeira vez depois de exatamente vinte e cinco anos. Foi uma espécie de "peregrinação do coração e da memória" o que se realizou na tarde do dia seguinte, na companhia principalmente do cônego José Galamba de Oliveira, a quem o bispo de Leiria tinha confiado a tarefa de descrever com a exatidão de Lúcia os lugares das aparições do anjo e da Virgem Santíssima. No seu diário comentou: "Fiz essa peregrinação, cantando no meu íntimo um outro hino em ação de graças, e percebi mais uma vez que as pessoas vinham atrás de mim à procura do sobrenatural que não encontram no mundo. Quero, portanto, que o meu passo deixe um rastro de luz para indicar por meio da fé o caminho do Céu, o encontro na vida com Deus, na realidade do seu ser infinito, imenso, eterno!"[77]

Depois que retornou ao Porto em 24 de maio, a superiora de Tuy comunicou-lhe com tristeza que não estava prevista a sua entrada

---

[77]Ibidem, p. 342.

na Espanha, mesmo assim teria permanecido ali, e a decisão foi acolhida pela irmã Maria das Dores com a habitual confiança na vontade divina, mesmo temendo em seu coração que isso tivesse adiado posteriormente a possibilidade de entrar no Carmelo. Mas depois de um ano, quando em 6 de fevereiro de 1947 recebeu a visita do dominicano Thomas McGlynn e soube que junto a ele tinha um encontro com o Papa, percebeu que isso poderia representar a tão esperada oportunidade de enviar uma carta reservada a Pio XII.

Recolheu-se na capela e pediu uma iluminação diante do Santíssimo: "Se o Santo Padre me disser que sim, ninguém ousará dizer que não. Se o Santo Padre me disser que não, então esta é a vontade de Deus e não pensarei mais nisso. Se o Santo Padre não me levar em consideração e não me responder, que talvez seja o mais plausível, tentarei então organizar as coisas por meio dos superiores. Pareceu-me sentir a luz de Deus; subi as escadas, entrei no meu quarto e escrevi"[78]. No dia seguinte entregou o envelope ao religioso, que lhe garantiu total discrição.

No fim de abril o bispo do Porto, Agostinho de Jesus e Souza, falou com ela e com a madre provincial, explicando que lhe havia chegado a resposta de Pio XII, com a autorização para o ingresso em um mosteiro carmelita. Pediu porém a Lúcia para pensar por uma semana, antes de dar uma resposta definitiva, e naqueles dias a irmã aos seus quarenta anos viu-se submetida a muitas pressões a fim de que mudasse de ideia. A todos respondia: "Aquilo que espero encontrar no Carmelo e que aqui não tenho, nem posso ter, são os muros da clausura que me protegem da fila extremamente numerosa de olhos curiosos e indiscretos, poder ter uma vida de recolhimento e de intimidade mais intensa com o Senhor"[79].

Ela tinha porém que passar por quase um ano ainda, e foi necessária uma ordem do Pontífice, antes que a vidente pudesse entrar no Carmelo de Santa Teresa, em Coimbra, especialmente escolhido para

---

[78]Ibidem, p. 353.
[79]Ibidem, p. 355.

evitar fosse o de Fátima ou o do Porto. Naquele período, dentre outras coisas, começou um tratamento odontológico com a extração total dos dentes e o implante de uma prótese. Essa história, pouco conhecida, chegou até a alimentar a especulação sobre uma "substituição" da irmã nas suas posteriores exposições ao público, alegando como prova a própria dentição.

Finalmente no Carmelo

Em 25 de março de 1948, Quinta-feira Santa (o mesmo dia de seu nascimento), cruzou o limiar do mosteiro e o seu nome, irmã Maria das Dores, mudou para irmã Maria Lúcia de Jesus e do Coração Imaculado (embora por simplicidade em todo o mundo é comum indicá-la somente como "irmã Lúcia"). A cela a qual fora organizada para os primeiros dois anos, na parte reservada para as noviças, era pequena mas iluminada, de frente para a varanda da clausura: "Toda a mobília reduzia-se a uma cama e a uma pequena biblioteca dotada de um eixo removível para escrever sobre os joelhos. Na parede algumas estampas de devoção e uma grande cruz vazia, para recordar à carmelita que deve sempre viver com os braços elevados como Cristo, em contínua oração"[80]. As irmãs continuam considerando que ali dentro havia recebido várias visitas de Nossa Senhora, mesmo porque, às noviças que se alojaram sucessivamente, dizia com um sorriso especial: "Trata bem esta cela!"[81].

Logo lhe ficou claro que havia chegado finalmente ao lugar que lhe tinha sido atribuído pelo Céu: "A vida aqui é muito mais rigorosa dependendo de cada ponto de vista, mas o Nosso Senhor adoça de modo quase imperceptível. É o ponto máximo da perfeição que se possa alcançar sobre a terra uma pobre alma à abnegação e união mística. Eu gosto muitíssimo! Não trocaria

---

[80]Ibidem, p. 375.
[81]Ibidem, p. 393.

uma hora desta felicidade pelas maiores riquezas do mundo"[82], escreveu à sobrinha Maria Amélia, que em seguida a alcançou com o nome de Inês da Eucaristia.

Em 13 de maio de 1948, vestiu o hábito carmelita e em 31 de maio de 1949 pronunciou a profissão solene. No coração levava um bilhete com as intenções pelas quais oferecia como sacrifício a própria vida de consagrada. Destacava-se: "Por tua Igreja; por teu Vigário na terra; por toda a hierarquia sacerdotal, pela qual te renovo a minha pobre e humilde oferta; pela conversão dos pecadores e da desventurada Rússia; pela união dos caros irmãos separados, a fim de que se possa saborear o momento no qual a tua Igreja seja única, santa, católica e apostólica; [...] e por fim por aquela numerosa quantidade de necessidades e de intenções que tu bem conheces e que foram, são e serão recomendadas nas minhas pobres orações"[83].

Ao concluir o noviciado, em 31 de maio de 1950, irmã Lúcia transferiu-se para uma nova cela, no meio do corredor e com uma ampla janela de frente para o jardim, onde viveu os cinquenta anos seguintes. As irmãs recordaram: "Fiel no horário da comunidade, não tomava a liberdade de substituir uma atividade por outra sem pedir a autorização à superiora. Com muita discrição, vivia o espírito de obediência e não queria fazer um único passo sem que tivesse a aprovação de Deus. Algumas vezes não foi fácil ser uma religiosa e a vidente de Fátima. Mas não lhe faltava a luz de Deus e a proteção da Virgem Santíssima, que a ajudavam a discernir o caminho em linha reta, sempre fielmente protegida pela obediência."[84].

Dentre as várias tarefas que lhe foram confiadas havia a de camareira, ecônoma, sacristã, responsável pela horta e também de ajudante da superiora na coordenação dos trabalhos de restauro. A esta última atividade está ligada uma divertida anedota, ocorrida durante a inspeção de um engenheiro ao qual irmã Lúcia indica que

---

[82]Ibidem, p. 377-378.
[83]Ibidem, p. 391.
[84]Ibidem, p. 403.

a escadaria principal estava mal colocada: "'Não, irmã, esta escada está boa, pode-se subir e descer sem problemas'. Tinha acabado de pronunciar estas palavras, quando escorregou e rolou até o fim, sentando-se em cada degrau. Corri contrariada para ajudá-lo a se levantar, preocupada com o fato de ter se machucado. Assim que ficou em pé, virou-se em minha direção e disse: 'A senhora tem razão, esta escada será arrumada'". A vidente, quando contava o episódio às noviças durante a recreação, concluía sempre com uma anotação espiritual: "Somos feitos assim: somente quando caímos e nos levantamos, e compreendemos as quedas do próximo, justificamos e sabemos perdoar-lhe. E é assim que Deus transforma o mal em bem"[85].

Apesar de ser um mosteiro de clausura, os pedidos para vê-la e falar com ela eram numerosos. "Estas visitas são um pouco a minha cruz, mas somente uma parte da missão que Deus me confiou; nem mesmo no Céu me deixarão em paz, mas lá poderei receber com maior generosidade, porque não existirá mais o perigo de incomodar a comunhão da minha alma com Deus", escreveu ao arcebispo de Coimbra, Ernesto Sena de Oliveira, em 30 de agosto de 1949. Desta forma, quando em 1960 acenderam-se novamente os holofotes sobre ela, depois que chegou do Vaticano a notícia de que não teria sido divulgado o terceiro Segredo, foi determinado que para encontrá-la teria sido necessária uma explícita autorização da Santa Sé.

Mesmo na nova cela aconteceram aparições e revelações por parte da Santíssima Virgem e de Jesus, as quais algumas ainda estão descritas no diário da vidente. Evidentemente marcada por um forte conflito interior foi em 31 de dezembro de 1979 que Lúcia dedicou-se à oração de intercessão pelas dificuldades que a Igreja católica, naquele período inicial do pontificado de João Paulo II, estava experimentando no processo de aplicação do Concílio Vaticano II entre as tensões opostas da teologia da liberação e do tradicionalismo lefebvriano.

---

[85] Ibidem, p. 406.

Lemos no seu diário: "A minha alma estava toda nas trevas e a amargura reinava no meu coração! Como é possível, Senhor? A tua Igreja não pode perecer! Não lhe prometeste tu de estar perto até o fim dos tempos? Não lhe deste por Mãe a tua própria Mãe, para que a protegesse, defendesse de tantos inimigos e a assistisse no caminho tortuoso e difícil da vida? [...] Assim rezava com a testa inclinada, na escuridão da cela, com a janela fechada, quando senti uma mão suave pousar sobre o meu ombro esquerdo. Levantei o olhar e vi: era a doce Mãe que tinha escutado a minha humilde prece: 'Deus ouviu a tua oração e me manda te dizer que precisas intensificar a oração e o trabalho para consolidar a união da Igreja, dos bispos com o Santo Padre e dos sacerdotes com os bispos, para conduzir os povos de Deus nos caminhos da verdade, da fé, da esperança e do amor, unidos em Cristo seu Salvador'. Mesmo me sentindo inundada de paz, luz e graça depois deste feliz encontro, senti também quanto seria difícil essa missão"[86].

No silêncio do mosteiro de Coimbra, irmã Lúcia representou as religiosas como poeticamente se lê, na biografia que lhe tinham dedicado, a imagem da "menina de Deus (da qual) transparecia uma alegria que provinha da sua íntima união com o Senhor". Foi enorme a alegria que experimentou em particular nas três ocasiões em que pôde ir a Fátima para encontrar e falar com João Paulo II: em 1982 e em 1991, respectivamente no 1º e no 10º aniversário da peregrinação de agradecimento do papa Wojtyla pela proteção recebida de Nossa Senhora em ocasião do atentado de 1981, e em 2000, pela cerimônia de beatificação dos seus primos Francisco e Jacinta, durante a qual foi anunciada a revelação da terceira parte do Segredo.

Nos últimos dez anos de vida, a sua saúde se fragilizava constantemente, mas o seu habitual bom humor não a abandonou: "Não vale muito, porque se tiro a mão cai rapidamente! Até o fim sou eu quem deve sustentá-la"[87], amava dizer referindo-se à bengala

---

[86]Ibidem, p. 426-427.
[87]Ibidem, p. 480.

que usava para não cair. E quando a irmã enfermeira forçava-a a mover-se um pouco da cama, replicava: "Que sorte teve tua mãe por não ter tua presença em casa com ela: assim pode dormir todo o tempo que quiser!"[88]

Em 3 de outubro de 2003, festejou de modo privado no mosteiro o 75° aniversário de sua primeira consagração religiosa e deixou escapar para a madre superiora: "Nossa Senhora disse que eu teria permanecido aqui ainda por algum tempo... mas desde então já se passou muito!"[89]. As dores principalmente na coluna e nas pernas, devido à deformação da espinha dorsal, eram sempre mais agudas e desde o início de janeiro de 2005, cada movimento que fazia lhe era muito cansativo. Desde 1° de fevereiro começou a ser nutrida mediante terapia intravenosa e as crises respiratórias tornaram-se frequentes. Em 3 de fevereiro, recebeu a unção dos enfermos e no dia 9 recebeu pela última vez a comunhão.

Às 10 da manhã do domingo de 13 de fevereiro de 2005, chegou ao Carmelo o bispo de Coimbra, Albino Mamede Cleto, com uma folha expedida via fax pelo Vaticano: a bênção de João Paulo II que, também sofrendo, recordava-a "ao Deus de toda a consolação para que possa superar merecidamente serena e resignada estes momentos difíceis em comunhão com Cristo Redentor"[90]. E as suas últimas palavras foram a oferta daqueles sofrimentos "pelo Santo Padre". Fechou definitivamente os olhos por volta das 5 horas daquela tarde e, somente depois de quarenta e oito dias, foi alcançada ao Céu por papa Wojtyla.

No dia 15, realizaram os funerais, enquanto toda Portugal observava o luto nacional, e a sua primeira sepultura foi no cemitério do Carmelo, onde permaneceu por um ano, segundo as suas próprias disposições. Desde 19 de fevereiro de 2006, repousa na antiga basílica de Fátima ao lado da prima

---

[88]Ibidem, p. 491.
[89]Maria Celina di Gesù Crocifisso, *In memoria di suor Lucia*, Secretariado dos pastorinhos 2005, p. 29.
[90]Carmelo di Coimbra, *Un cammino sotto lo sguardo di Maria*, Edizioni Ocd 2014, p. 505.

Jacinta, na capela à esquerda do altar maior, enquanto Francisco está em frente, na capela à direita. Sobre as suas lápides, simplesmente após o nome, a mesma frase: "A quem apareceu Nossa Senhora". Em 13 de fevereiro de 2008, com a antecipação de dois anos graças à dispensa concedida por Bento XVI, foi iniciado também a ela o processo de canonização.

2
Três segredos e um anexo?

Depois da aparição de 13 de julho de 1917, ficou muito claro aos videntes que o Segredo que tinham acabado de receber era composto por três partes diferentes. As primeiras duas foram descritas por Lúcia antes da *Terceira memória*, redigida entre 26 de julho e 31 de agosto de 1941, e sucessivamente na *Quarta memória*, reunida entre 7 de outubro e 8 de dezembro do mesmo ano: ambos os textos foram entregues ao monsenhor José Alves Correia da Silva, bispo de Leiria, imediatamente depois de sua elaboração.

O primeiro a torná-los conhecidos foi o padre Luis Gonzaga da Fonseca, na quarta edição do seu *As maravilhas de Fátima*, publicada em abril de 1942. Mas o texto, como vamos detalhar mais adiante, é retocado em dois pontos essenciais, relativos à Rússia e à sua consagração, por motivos legais à situação política e à guerra em curso. A versão original de qualquer modo foi reintegrada em 13 de outubro seguinte, quando em Portugal saiu a terceira edição da biografia *Jacinta. A flor de Fátima*, do cônego José Galamba de Oliveira, prefaciado pelo patriarca de Lisboa, o cardeal Manuel Gonçalves Cerejeira.

Aquela apresentada aqui em seguida, com alguma pontualização, é a tradução oficial do Vaticano, levando em conta que na elaboração de Lúcia não existe uma distinção clara entre a primeira e a segunda parte: "Nossa Senhora mostrou-nos um grande mar de fogo, que parecia estar sob a terra. Imersos naquele fogo, os demônios e as almas, como se fossem brasas transparentes e negras ou bronze, com forma humana que flutuavam no incêndio, levadas pelas chamas que saíam delas mesmas junto à nuvem cinzenta, caindo por todas as partes semelhantes ao cair das fagulhas nos grandes incêndios, sem peso nem equilíbrio, entre gritos e gemidos de dor e desespero que horrorizavam e faziam tremer de medo. Reconheciam-se os demônios pelas formas horríveis e repugnantes de animais assustados e desconhecidos, mas transparentes e negros. Esta visão durou um momento graças à nossa boa Mãe do Céu; que antes nos havia prevenido com a promessa de nos levar ao Céu (na primeira aparição), ao contrário acredito que estaríamos mortos de medo e de terror. Em seguida levantamos os olhos à Nossa Senhroa, que nos disse com bondade e tristeza: 'Vistes o inferno onde caem as almas dos pobres pecadores'"[1].

Neste ponto, a Virgem detalhou o plano divino: "Para salvá--las, Deus quer determinar no mundo a devoção ao meu Coração Imaculado. Se fizerem o que vos direi, muitas almas serão salvas e terão paz. A guerra está para terminar, mas se não pararem de ofender a Deus, durante o pontificado (Nota do Autor: 'reino' no original) de Pio XI começará uma outra ainda (N.A.: 'ainda' no original não consta) pior. Quando virdes uma noite iluminada por uma luz desconhecida (N.A.: que Lúcia identificou na chamada 'aurora boreal' vista em grande parte da Europa na noite de 25 de janeiro de 1938), sabei que é o grande sinal que Deus vos dá que está para castigar o mundo pelos seus crimes, por meio da guerra, da fome e das perseguições à Igreja e ao Santo Padre. Para impedi-la, virei pedir a consagração da Rússia (N.A.: na primeira versão de padre Gonzaga vem escrito 'do mundo', ao invés de 'da Rússia') ao meu Coração Imaculado e a Comunhão reparadora nos primeiros sábados. Se aceitarem os meus pedidos, a Rússia se converterá e terão paz; se não, (N.A.: na primeira versão de padre Gonzaga da Fonseca veio aqui inserida 'a propaganda

---

[1]*http://www.vatican.va/roman_curia/congregations/cfaith/documents/rc_con_cfaith_ doc_20000626_message-fatima_it.html.*

profana') espalhará os seus erros pelo mundo, promovendo guerras e perseguições à Igreja. Os bons serão martirizados, o Santo Padre sofrerá muito, várias nações serão destruídas. Finalmente, o meu Coração Imaculado triunfará. O Santo Padre irá consagrar a Rússia, que irá se converter, e será concedido ao mundo um período de paz"[2]. Na *Quarta memória*, logo após esta frase, Lúcia prosseguiu com uma posterior citação da Virgem: "Em Portugal, conservar-se-á sempre o dogma da fé; etc. Não dizeis isto a ninguém. A Francisco, sim, podeis dizer"[3].

Em uma conversa privada com irmã Lúcia, refletindo sobre essa frase relacionada a Portugal e infringindo excepcionalmente o hábito de evitar opiniões pessoais, afirmou: "Se Portugal não aprovar o aborto, está salvo; mas se, ao contrário, aprová-lo, deverá sofrer muito. Pelo pecado de um simples indivíduo paga a pessoa que é responsável por isso, mas pelo pecado de uma nação paga todo o povo. Porque os governantes que promulgam leis iníquas fazem-no em nome do povo que os elegeu"[4]. Na verdade, com a modificação da lei anterior que permitia o aborto somente em casos de gravidez que ocorre após um estupro, ou quando eles estavam pondo em risco a saúde da mãe ou do feto, em 2007, um referendo promovido pelo partido socialista, no qual votou menos da metade dos eleitores, descriminalizou qualquer tipo de interrupção voluntária da gravidez. Mas em 2015 esta lei, graças às assinaturas coletadas por iniciativa popular, foi reformada em favor da vida, reconhecendo que a maternidade e a paternidade são valores sociais fundamentais, pondo à disposição informações claras sobre subsídios e apoios parentais disponíveis para quem dá à luz e pedindo a quem pretende recorrer ao aborto de usufruir, durante um período de reflexão, a assistência de especialistas.

Foi essencialmente o receio de que Lúcia pudesse morrer sem ter comunicado a ninguém a terceira parte do Segredo que impulsionou

---

[2] Ibidem.
[3] Luigi Kondor (org.), *Memorie di suor Lucia - vol. 1*, Secretariado dos pastorinhos 2005, p. 173-174.
[4] Carmelo di Coimbra, *Un cammino sotto lo sguardo di Maria*, Edizioni Ocd 2014, p. 75.

o bispo Correia da Silva, durante a visita que lhe fez em 15 de setembro de 1943 e a carta que lhe enviou em 15 de outubro seguinte, a pedir-lhe por obediência que registrasse tudo.

De fato, naqueles meses a vidente estara com sérios problemas de saúde e teve de se submeter a uma cirurgia na perna, devido a uma infecção que a debilitou muito. Quando as forças lhe puderam permitir, tentou seguir a ordem por bem cinco vezes, entre novembro e dezembro, sem resultados: "Não sei o que é, mas, no momento em que tento encostar a caneta ao papel, a mão põe-se a tremer e não sou capaz de escrever nem uma palavra: não me parece que seja nervosismo natural, porque, no momento em que me ponho a escrever algo diferente, a minha mão fica firme. Não me parece nem um medo moral, porque a minha consciência age segundo a fé, e creio que seja Deus que me diz o que fazer através de sua excelência. Então não sei o que fazer. Mas isto na verdade me causou um tal conflito que sinto medo até de pegar a caneta para este objetivo: será que é o demônio que quer me impedir de fazer este ato de obediência? Mas quero obedecer, não quero dar a Nosso Senhor este desprazer e por isso espero que Ele um dia me dê esta graça"[5].

Na reconstrução de padre Joaquin María Alonso, encontra-se a explicação de Lúcia sobre as indicações que havia recebido: "Dizem--me para escrever ou nos cadernos onde componho o meu diário espiritual, ou então, se eu quiser, em uma folha de papel e colocá-lo depois em um envelope fechado e selado"[6].

Uma atormentada elaboração

Em 3 de janeiro de 1944 toma-se uma solução definitiva (antes de 26 de junho de 2000, quando esta data veio determinada pelo arcebispo Tarcisio Bertone, todos os autores indicavam como marco o dia 2 de janeiro), cujo o modo exato foi revelado somente

---

[5]Ibidem, p. 288-289.
[6]Joaquin María Alonso, *La verdad sobre el Secreto de Fátima*, Centro Mariano 1976, p. 33.

em outubro de 2013, com a publicação, por parte do Carmelo de Coimbra, da biografia de irmã Lúcia *Um caminho sob o olhar de Maria* (depois traduzida também em italiano), onde transcreveu e reproduziu também fotograficamente a página do diário original da vidente: "Ajoelhei-me perto do leito que, às vezes me serve de mesa para escrever, e tentei de novo, sem conseguir fazer nada; o que mais me impressionava era que conseguia escrever sem dificuldades qualquer outra coisa. Pedi então a Nossa Senhora que me fizesse saber qual era a vontade de Deus. E me direcionasse à capela: eram quatro da tarde, hora em que eu tinha o hábito de visitar o Santíssimo, porque era a hora em que normalmente está mais sozinho, e não sei por que, mas eu gosto de estar sozinha com Jesus no tabernáculo. Ajoelhei-me diante do degrau do altar da comunhão e pedi a Jesus que me mostrasse qual era a sua vontade. Habituada como eu era a considerar que as ordens dos superiores são a expressão certa de vontade de Deus, não podia acreditar que isso não fosse possível. E perplexa, meio pensativa, sob o peso de uma nuvem escura que me parecia encobrir, com as mãos na face, esperava, sem saber como, uma resposta. Senti então que uma mão amiga, afetuosa e materna me tocava o ombro, elevei o olhar e vi minha querida Mãe celeste". A indicação da Virgem foi precisa: "Não temas, porque Deus quis provar a tua obediência, fé e humildade, fica serena e escreve o que te ordenarem, todavia não o que der a entender do seu inteiro significado. Depois de escrever, põe em um envelope, fecha-o e sela e fora escreve 'que pode ser aberta em 1960 pelo cardeal patriarca de Lisboa ou pelo bispo de Leiria'". Estas últimas aspas, que pretendem marcar uma citação direta das palavras da Virgem, não se encontram na tradução italiana, mas são bem visíveis no manuscrito original.

Naquele momento, Lúcia teve uma nova visão interior: "Senti o espírito inundado por um mistério de luz que é Deus e nele vi e ouvi: a ponta da lança como uma chama que se alonga até tocar o eixo terrestre; e essa salta: montanhas, cidades, pequenas comunidades e vilas sepultadas junto aos seus habitantes; o mar, os rios e as nuvens saem das margens, transbordam, inundam e arrastam consigo em um redemoinho um número incalculável de casas e pessoas; é a purificação do mundo do pecado no qual está imerso; o ódio, a ambição provocam a guerra destruidora! Portanto no coração acelerado e palpitante e no meu espírito ouvi ressoar uma voz suave que dizia: 'No tempo, somente uma fé, somente um batismo, somente uma Igreja, santa católica, apostólica. Na eternidade, o Céu!'. Esta palavra 'Céu' encheu a minha alma de paz e felicidade, a tal ponto que, quase sem me dar conta, continuei a repetir longamente: 'O Céu! O Céu!' Assim que passou aquela opressiva força sobrenatural, pus-me a escrever e o fiz sem dificuldades, o dia 3 de janeiro de 1944, de joelhos, apoiada sobre a cama que me serviu de mesa"[7].

Sem dúvida, as frases que se leem no diário de Lúcia de 3 de janeiro são muito fortes e dramáticas, com as imagens das águas que transbordam e matam. Porém, enquanto aqui se tratava de folhas pessoais, já em uma carta de bem contados seis anos antes a vidente tinha descrito imagens ainda mais intensas e envolventes. De fato, ao final do ano de 1937, o bispo Correia da Silva enviou a Lúcia, o rascunho da biografia sobre Jacinta escrito por José Galamba de Oliveira, publicada em primeira edição em maio de 1938, para verificar se o conteúdo estava correto. Na carta de resposta, a vidente não sugeriu particulares modificações, mas acima de tudo aproveitou a circunstância para fazer uma íntima confissão com o bispo de Leiria, falando de detalhes que se relacionavam ao Segredo, sobretudo em relação à imagem da "luz imensa que é Deus" presente também na "terceira parte" revelada.

Primeiro um presságio: "Se somente o mundo reconhecesse o momento de graça que ainda lhe será concedido e faria penitência"; e então a confiança: "Vejo, na luz imensa que é Deus, a terra agitar-se e tremer diante do sopro da sua voz: cidades e vilas sepultadas, arrasadas, consumidas; montanhas de pessoas indefesas, vejo as cascatas entre

---

[7]Carmelo di Coimbra, *Un cammino sotto lo sguardo di Maria*, Edizioni Ocd 2014, p. 290-293.

trovões e relâmpagos, os rios e os mares que transbordam e inundam e as almas que dormem o sono da morte!..."[8] (e a frase se conclui com reticências, semelhantes ao "etc." que se lê ao fim da "segunda parte" do Segredo, depois da anotação sobre Portugal e a fé).

Para Lúcia foi um problema encontrar um meio para selar o envelope de modo que nenhuma das freiras Doroteias viesse a conhecer o que aconteceu em 3 de janeiro de 1944. No dia seguinte, tentou pedir à superiora um pouco de cera e selo, mas lhe foi pedido o motivo, que ela obviamente não podia revelar. Com as mãos vazias, ficou na capela e confiou a questão a Jesus. Pouco depois lhe foi confiada a tarefa de queimar algumas velhas cartas na lareira e, sobre o fundo do cesto, teve a surpresa de encontrar um fragmento de lacre de cera. Obteve da vice-superiora a permissão de pegá-lo "e foi com isso que selei a carta; na verdade o pedacinho era tão pequeno que para derretê-lo tive de usar as pontas de uma pinça"[9].

Lúcia deu notícia ao bispo de Leiria sobre a produção desta redação somente no dia 9 de janeiro seguinte, porque no convento "era permitido escrever cartas somente aos domingos"[10], e lhe detalhou que "está selado dentro de um envelope e este está dentro dos cadernos; se S. Ex.ª deseja que lhe mande, entrego-o à primeira pessoa de confiança que passar por aqui, ou então se S. Ex.ª quer mandar pegá-lo em Valença, posso levá-lo lá eu mesma. Tenho medo de enviá-lo por correio porque temo que se perca"[11]. Teve porém que esperar o dia 17 de junho seguinte para poder encontrá-lo, no instituto das irmãs Franciscanas de Valença do Minho (a somente cinco quilômetros de Tuy, mas em território português), o arcebispo Manuel Marilla Ferreira da Silva, a quem entregou o documento a fim de que o levasse ao monsenhor José Alves Correia da Silva, o qual chegou à sua casa de campo perto de Braga, para depois ser transferido ao palácio episcopal de Leiria.

---

[8]Ibidem, p. 269.
[9]Ibidem, p. 298.
[10]Ibidem.
[11]Ibidem, p. 299.

Segundo Joaquin María Alonso, monsenhor Correia da Silva comunicou a notícia ao patriarca de Lisboa, Manuel Gonçalves Cerejeira, e ao Vaticano, talvez com a esperança de passar a eles a delicada questão, mas ao contrário recebeu como resposta a indicação de continuar a cuidar ele mesmo do documento até novas decisões: confirmou a padre Alonso o cardeal Alfredo Ottaviani, que em 1944 era assessor do Santo Ofício.[12] Em 7 de setembro de 1946, intervindo no Congresso Mariano de Campinas no Brasil, o cardeal Cerejeira comunicou publicamente que o envelope com a terceira parte do Segredo "será aberta em 1960 e nós sabemos o suficiente para nos permitirmos tirar a conclusão de que a salvação do mundo, neste extraordinário momento da história, foi colocada por Deus no Coração Imaculado de Maria"[13].

Embora pudesse, o bispo de Leiria jamais abriu o envelope de Lúcia: "Não é tarefa minha intrometer-me nesta matéria. Os segredos do Céu não são para mim, e nem sinto a necessidade de me encarregar desta responsabilidade"[14]. Um ano e meio depois de tê-lo recebido, colocou-o dentro de um outro seu envelope selado, sobre o qual escreveu: "O conteúdo deste envelope será entregue a sua eminência o senhor cardeal dom Manuel, patriarca de Lisboa, depois da minha morte. Leiria, 8 de dezembro de 1945. José, bispo de Leiria". Depois de alguns anos, sua existência torna-se de domínio público graças à fotografia publicada pelo jornalista Pazen no semanal estadunidense *Life* de 3 de janeiro de 1949. Misterioso é o fim que tiveram os cadernos dentro dos quais Lúcia tinha posto o próprio envelope selado.

A decisão de João XXIII

Nos anos seguintes, no mosteiro de Coimbra chegaram dois enviados de Pio XII para interrogar irmã Lúcia: em 2 de setembro de 1952 Joseph Schweigl e em 17 de maio de 1955 o cardeal Ottaviani.

---

[12]Joaquin María Alonso, *La verdad sobre el Secreto de Fátima*, Centro Mariano 1976, p. 48.
[13]Manuel Gonçalves Cerejeira, *Obras pastorais*, Volume III, p. 101.
[14]Jaime Vilalta Berbel, *Los secretos de Fatima*, Editorial Círculo 1975, p. 38.

Ambos diretamente do Papa Pacelli e, no final de 1956, chegou ao bispo de Leiria a ordem de enviar a roma a fotocópia de todos os manuscritos de Lúcia e o envelope relacionado ao Segredo, presumidamente para evitar que a decisão sobre a abertura do envelope em 1960 fosse tomada de modo sensível pelo sucessor de monsenhor Correia da Silva (que naquele momento tinha alcançado os 85 anos e estava quase cego e mal de saúde, tanto que faleceu em 4 de dezembro de 1957). Na metade de março de 1957, o seu auxiliar João Pereira Venâncio, que em 13 de setembro de 1958 torna-se o sucessor, levou ao porta-voz apostólico em Portugal, o arcebispo Fernando Cento, o fardo, que depois chegou ao Vaticano em 16 de abril de 1957.

Pio XII nunca quis abri-lo, segundo o que afirmaram o cardeal Ottaviani e outras autoridades representantes vaticanistas, e colocou novamente dentro de uma gaveta de madeira com a inscrição 'Secretum Sancti Officii' (Segredo do Santo Ofício), apoiada sobre uma mesinha do apartamento pontifício: naquela época, antes da reforma da Cúria iniciada em 1967 por Paulo VI, à frente do Santo Ofício estava o Papa, e portanto não era impróprio ter como guarda documentos especialmente reservados. A documentação fotográfica foi publicada no semanário francês *Paris Match* de 18 de outubro de 1958 pelo fotógrafo Robert Serrou, que havia realizado o serviço em 14 de maio de 1957. Como confidente havia irmã Pascalina Lehnert, governanta e secretária do Papa Pacelli: "Lá dentro há o terceiro Segredo de Fátima"[15]. A padre Agustin Fuentes, em 26 de dezembro de 1957, irmã Lúcia confiou: "A Santíssima Virgem está muito triste porque ninguém prestou atenção à sua mensagem, nem os bons nem os maus. Os bons continuam na estrada mas sem dar nenhuma importância à sua mensagem. [...] Segundo a vontade da Santíssima Virgem, somente ao Santo Padre e ao bispo de Fátima é permitido conhecer o Segredo, mas eles escolheram não conhecer para não serem influenciados"[16].

---

[15]Michel de la Sainte Trinité, *The whole truth about Fatima*, Volume III - Parte I - Capítulo 9. O texto integral está disponível no endereço de Internet: *http://www.catholicvoice.co.uk/fatima3/index.htm*.
[16]Joaquin María Alonso, *La verdad sobre el Secreto de Fátima*, Centro Mariano 1976, p. 103-104.

Depois da morte de Pio XII (9 de outubro de 1958), em 28 do outubro seguinte foi eleito o cardeal Angelo Roncalli, que tomou o nome de João XXIII, e a partir desse momento começam a se sobrepor testemunhos e indícios contraditórios, resumidos na tabela abaixo, que fizeram surgir a hipótese de que na realidade fossem dois envelopes: em um contendo o texto da "terceira parte" do Segredo (aquela revelada em 2000), no outro um "anexo" com a explicação da visão (de cuja existência a Santa Sé, especialmente na voz do cardeal Tarcisio Bertone, tenha sempre negado).

Indício	"Terceira parte" do Segredo (publicada)	Suposto anexo (desconhecido)
Instrução dada por Nossa Senhora a Lúcia em 3 de janeiro de 1944	"Escreva o que te ordenam...".	"... todavia não o que der a entender do seu inteiro significado".
Texto entregue por Lúcia	Em 17 de junho de 1944, por intermédio do arcebispo Manuel Marilla Ferreira da Silva, ao bispo de Leiria, José Alves Correia da Silva.	Não existem dados concretos a este respeito.
Conteúdo	Não consta nenhuma palavra pronunciada diretamente da Virgem, há somente a descrição da visão.	Há depois do termo ("etc.") pronunciado pela Virgem ("Em Portugal se conservará sempre o dogma da fé"), com a explicação da visão.
Modalidade de escrita	Listou nas quatro faces de uma folha em linhas horizontais dobrada pela metade com uma escrita de 64 linhas complexamente longa, compostas por títulos e a data.	Listou em uma única face, de tamanho entre 20-25 linhas, segundo o cardeal Alfredo Ottaviani, secretário do Santo Ofício.
Transferência ao Vaticano	Em 4 de abril de 1957, segundo o que afirma o arcebispo Tarcisio Bertone em 26 de junho de 2000.	Em 16 de abril de 1957, segundo padre Joaquin María Alonso no texto *De nuevo el Secreto de Fátima* de 1982.

Lugar da custódia	O Arquivo secreto do Santo Ofício, segundo o arcebispo Bertone em 26 de junho de 2000.	O apartamento pontifício, como documentado na fotografia tirada em 14 de maio de 1957 (publicada no semanário *Paris Match* em 18 de outubro de 1958) e sucessivamente pelo arcebispo Capovilla.
Envelope externo da Santa Sé	Um grande envelope laranja, com a provável localização "A. S. 381", a data "6-III-1967" e escrito "Segreto di Fatima in traduzione italiana (manuscrito)". Mostrado na televisão pelo cardeal Tarcisio em 31 de maio de 2007.	No livro *A última vidente de Fátima,* do cardeal Bertone, cita-se "um envelope grande carimbado com o timbre da Congregação para a Doutrina da Fé, no envelope o registro '1960'". Curiosamente, esta denominação foi dada ao Santo Ofício somente em 7 de dezembro de 1965!
Medidas do envelope interno de irmã Lúcia	14x9 cm, segundo a declaração do cardeal Bertone, que mostrou ao "Porta a Porta" em 31 de maio de 2007.	18x12 cm, segundo o que declarou o bispo Venâncio, correspondente ao outro envelope mostrado pelo cardeal Bertone ao "Porta a Porta" em 31 de maio de 2007.
Quando o texto foi lido por João XXIII	Em 1960, segundo o testemunho do cardeal Alfredo Ottaviani.	Em 21 de agosto de 1959, em Castel Gandolfo, segundo o testemunho do secretário Loris Francesco Capovilla.

Quando o texto foi lido por Paulo VI	Em 27 de março de 1965, reenviando o envelope ao Arquivo secreto do Santo Ofício, com a decisão de não publicar o texto, segundo o que afirma o arcebispo Bertone em 26 de junho de 2000.	Em 27 de junho de 1963, segundo o testemunho de monsenhor Capovilla, que indicou a localização do pacote "na gaveta à direita da escrivaninha dita 'Barbarigo', no quarto do Papa".
Quando o texto foi lido por João Paulo II	Depois do atentado de 1981, entre 18 de julho e 11 de agosto, datas em que o documento saiu do Arquivo da Congregação para a Doutrina da Fé, e retornou, segundo o relato do arcebispo Bertone em 26 de junho de 2000. É de se notar que Bertone falou sempre de somente: "dois envelopes: – um branco, com o texto original da irmã Lúcia em língua portuguesa; – um outro de cor laranja, com a tradução do 'segredo' em língua italiana", que foram entregues pelo cardeal prefeito Franjo Seper ao arcebispo substituto Eduardo Martinez Somalo.	Em 1978, poucos dias depois da eleição ao pontificado, segundo a declaração do porta-voz do vaticano Joaquin Navarro-Valls em 13 de maio de 2000 em Fátima. O conhecimento desse texto teria forçado o papa Wojtyla a consagrar o mundo ao Coração Imaculado de Maria, depois do atentado de 13 de maio de 1981, mas antes da leitura do outro texto, ocorrido depois de 18 de julho de 1981. Nota-se a incongruente ligação temporal de Bertone entre esta leitura e o fato de que "João Paulo II pensou rapidamente a consagração do mundo ao Coração Imaculado de Maria e compôs ele mesmo uma oração para o Ato de entrega", que porém aconteceu anteriormente em 7 de junho.

Deixou-se o envelope no apartamento pontifício, segundo irmã Pascalina, mas o arcebispo Loris Francesco Capovilla, o secretário de João XXIII, declarou que "este memorial não foi reencontrado no armário onde Pio XII guardava os envelopes reservados"[17]. Pode ser interessante citar aqui uma passagem da entrevista de monsenhor Georg Gänswein, secretário de Bento XVI, na qual revelou que o arcebispo Stanislaw Dziwisz, secretário de João Paulo II, passando-lhe as encomendas, "entregou-me um envelope no qual estavam inseridas algumas folhas e uma chave de um cofre muito antigo, em estilo alemão"; e, à pergunta sobre o que continha o envelope, replicou: "Isso eu não posso revelar. São informações que são transmitidas de secretário do Papa a secretário do Papa"[18].

Enquanto se encontrava em Castel Gandolfo, durante as férias de verão de 1959, Papa Roncalli decidiu ler o Segredo e, como explicou o arcebispo Bertone, "segundo as anotações do arquivo, de acordo com o eminentíssimo cardeal Alfredo Ottaviani, em 17 de agosto o comissário do Santo Ofício, padre Pierre Paul Philippe, levou a João XXIII o envelope contendo a terceira parte do 'segredo de Fátima'"[19]. Estava ainda selada, como confirmou o cardeal Bertone com base na documentação do arquivo.[20] Sucessivamente, sempre segundo Bertone, no Castel Gandolfo "Papa João XXIII decidiu reenviar o envelope selado ao Santo Ofício"[21]. Ao contrário, o arcebispo Capovilla lembrou que o Pontífice "levou o documento ao Vaticano. Ninguém mais lhe falou, nem o Santo Ofício perguntou onde teria ido parar o memorial. Estava em uma gaveta do escritório do quarto"[22].

Talvez a questão possa ser resolvida levando em conta a declaração do cardeal Ottaviani, secretário do Santo Ofício, que falou de um envelope que "ainda selado, em 1960 foi levado ao Papa João XXIII.

---

[17]Marco Roncalli, *Giovanni XXIII nel ricordo del segretario Loris F. Capovilla*, San Paolo 1994, p. 114.
[18]Peter Seewald, *Intervista a Georg Gänswein*, Süddeutsche Zeitung 27 luglio 2007.
[19]*http://www.vatican.va/roman_curia/congregations/cfaith/documents/rc_con_cfaith_doc_20000626_message-fatima_it.html*.
[20]Alberto Bobbio, *Suor Lucia ha detto tutto*, in 'Famiglia Cristiana' n. 19/2007, p. 65.
[21]*http://www.vatican.va/roman_curia/congregations/cfaith/documents/rc_con_cfaith_doc_20000626_message-fatima_it.html*.
[22]Marco Roncalli, *Giovanni XXIII nel ricordo del segretario Loris F. Capovilla*, San Paolo 1994, p. 114.

O Papa rompeu o selo e abriu o envelope. Mesmo que estivesse em português, em seguida, disse-me que tinha compreendido o texto em sua totalidade"[23]. Embora o secretário Capovilla tenha sempre sustentado, como veremos melhor mais adiante, que em agosto de 1959 tenha sido necessário esperar a tradução de monsenhor Tavares por haver no texto "locuções complexas" e "expressões dialetais", que porém segundo a análise da professora Mariagrazia Russo não constam na "terceira parte" do Segredo tornada pública em 2000: "Dentro do texto não se encontram problemas lexicais nem morfossintáticos devidos ao regionalismo ou provincialismo"[24].

Papa Wojtyla e o atentado

Algum tempo depois, vindo a falecer João XXIII em 3 de junho de 1963 e eleito Paulo VI em 21 de junho, revisitou-se o problema quando, em 27 de junho seguinte, Papa Montini quis ler o Segredo, depois de ter falado com o cardeal Fernando Cento, já porta-voz em Portugal, e com o bispo de Leiria João Pereira Venâncio, que naquela manhã tinha recebido em audiência. O envelope porém não se encontrava, de modo que o arcebispo Angelo Dell'Acqua, substituto da Secretaria de Estado, dirigiu-se a Capovilla que lhe sugeriu procurar "na gaveta à direita da escrivaninha chamada 'Barbarigo', no quarto do Papa". E uma hora depois monsenhor Dell'Acqua telefonou-lhe para confirmar que estava tudo no lugar.[25] O arcebispo Bertone confirmou então que "Paulo VI leu o conteúdo em 27 de março de 1965 (N.A.: isto é quase

---

[23]Michel de la Sainte Trinité, *The whole truth about Fatima*, Volume III - Parte II - Capítulo 2.
[24]Mariagrazia Russo, *Appendice*, in Antonio Socci, *Il quarto segreto di Fatima*, Rizzoli 2006, p. 245. Curiosamente, na videoentrevista concedida a Giuseppe De Carli depois desta perícia (mostrada em público em 21 de setembro de 2007 em ocasião da apresentação do livro do cardeal Bertone *L'ultima veggente di Fatima*), o arcebispo Capovilla fez uma brusca inversão de rota: "Li e escrevi que no texto havia expressões dialetais. Na realidade não havia. O fato é que eu não conhecia a língua, interpretei mal". Pela transcrição: Tarcisio Bertone - Giuseppe De Carli, *L'ultimo segreto di Fatima*, RaiEri Bur 2010, p. 225-226.
[25]A fotografia do documento na qual o monsenhor Capovilla descreveu o acontecimento está disponível no endereço de Internet: *http://www.ilsegretoancoranascosto.it/pdf/apendice1.pdf*.

duas semanas depois da data indicada por Capovilla nas suas "anotações reservadas" redigidas em 17 de maio de 1967 e das quais estamos em posse), e enviou o envelope ao Arquivo do Santo Ofício"[26], marcando também "as reconstruções cinematográficas do envelope escondido na cômoda do Papa" como "pura fantasia; ou melhor, inconceptíveis"[27].

A brevíssima duração do pontificado de João Paulo I não lhe permitiu ter o que fazer materialmente com o malote do Segredo, enquanto João Paulo II, segundo o testemunho fornecido em 13 de maio de 2000 em Fátima pelo porta-voz do vaticano Joaquin Navarro-Valls, teria lido o texto em 1978, poucos dias depois de sua eleição ao pontificado.[28] A autoridade vaticanista Aura Miguel afirmou que Papa Wojtyla, ao acordar depois do atentado do dia 13 de maio de 1981, pediu imediatamente que lhe levassem ao hospital toda a documentação: "Um dos primeiros cardeais a visitar João Paulo II foi o argentino Eduardo Pironio, que afirma ter visto o Papa na enfermaria do décimo andar do policlínico Gemelli imerso nos documentos relacionados às aparições da Cova da Iria. O ex-secretário do Pontifício Conselho para os leigos conta que o Papa, impressionado com a incrível coincidência de duas datas, estudou atentamente o que aconteceu em Fátima e que, mesmo frágil, nos dias em que permaneceu internado conseguiu ler toda aquela documentação"[29].

Ao contrário, monsenhor Bertone pôs a data para mais de dois meses depois do conhecimento da "terceira parte" do Segredo: "Sua eminência Franjo Seper, prefeito da Congregação, entregou a sua excelência Eduardo Martinez Somalo, substituto da Secretaria de Estado, em 18 de julho de 1981, dois envelopes: um branco, com o texto original de irmã Lúcia em língua portuguesa; um outro cor

---

[26]http://www.vatican.va/roman_curia/congregations/cfaith/documents/rc_con_cfaith_doc_20000626_message-fatima_it.html.

[27]Alberto Bobbio, *Suor Lucia ha detto tutto*, in *Famiglia Cristiana* n. 19/2007, p. 65.

[28]http://partners.nytimes.com/library/world/global/051400pope-fatima-secret.html.

[29]Aura Miguel, *Totus tuus: il segreto di Fatima nel pontificato di Giovanni Paolo 2°*, Itaca 2003, p. 28.

laranja, com a tradução do "segredo" em língua italiana. Em 11 de agosto seguinte, monsenhor Martinez restituiu os dois envelopes ao Arquivo do Santo Ofício"[30].

Resta ainda a esclarecer uma questão, relacionada à carta que, segundo a reconstrução de Bertone, irmã Lúcia teria enviado a João Paulo II em 12 de maio de 1982, na qual "fornecia uma indicação para a interpretação da terceira parte do Segredo"[31]. No texto, apresentado também na biografia da vidente publicada pelo Carmelo de Coimbra,[32] lê-se porém: "A terceira parte do segredo, que tanto desejais conhecer, é uma revelação simbólica...". Mesmo com a certeza de que Papa Wojtyla tenha naquela data lido o texto, não se compreende este inciso, que foi acima de tudo imaginar que o destinatário da mensagem fosse um intermediário. Além do mais, em todas as oito versões publicadas no site da internet do Vaticano (francês, inglês, italiano, polonês, português, espanhol, alemão e úngaro), a frase está cancelada na transcrição ou tradução, mesmo sendo claramente visível na fotografia que acompanha o texto!

Ao contrário de todas as versões, exceto aquela em português, são adicionadas palavras que evidenciamos em itálico: "Desde o momento em que não nos demos conta deste apelo da Mensagem, verificamos que ela se cumprira, a Rússia invadiu o mundo com os seus erros. E se não constatarmos ainda a consumação completa do final desta profecia, vemos que nos encaminhanos *pouco a pouco* a largos passos. Se não renunciarmos ao caminho do pecado, do ódio, da vingança, da injustiça violando os direitos da pessoa humana, da imoralidade e da violência

---

[30]*http://www.vatican.va/roman_curia/congregations/cfaith/documents/rc_con_cfaith_doc_20000626_message-fatima_it.html*. Percebe-se um pouco de ambiguidade a respeito da seguinte troca de brincadeiras entre o jornalista e o cardeal: "*Segundo ela, João Paulo II, antes de levar o 'terceiro Segredo' ao policlínico Gemelli em julho de 1981, havia já lido o texto? Eu estava convencida de que não tivesse lido. Está convencido ou certo disso? Pessoalmente tenho certeza.* Sobre esse propósito, baseio-me na documentação do Arquivo da Congregação para a Doutrina da Fé, documentação que pus em confronto com as resultantes do Arquivo da Secretaria de Estado" (Tarcisio Bertone - Giuseppe De Carli, *L'ultimo segreto di Fatima*, RaiEri – Bur 2010, p. 66-67).
[31]*http://www.vatican.va/roman_curia/congregations/cfaith/documents/rc_con_cfaith_doc_20000626_message-fatima_it.html*.
[32]Carmelo di Coimbra, *Un cammino sotto lo sguardo di Maria*, Edizioni Ocd 2014, p. 224.

etc. E não dizemos que é Deus que nos castiga assim; ao contrário são os homens que por si mesmos preparam o seu castigo. Deus notadamente nos adverte e nos chama ao bom caminho, respeitando a liberdade que nos deu; por isso os homens são responsáveis"[33]. Não foi jamais esclarecido que existiria a necessidade de se aproximar "pouco a pouco" à imagem "a largos passos", com um ousado oxímoro (a figura retórica que põe de lado dois conceitos opostos entre eles).

Até 31 de maio de 2007, os envelopes que passaram pelas mãos de ao menos quatro Pontífices foram apenas mencionados, sem que jamais fossem mostrados publicamente. Curiosamente, nem um mês antes, o cardeal Bertone havia publicado o próprio livro-entrevista, no qual havia feito clara referência unicamente a "uma externa, com a referência à 'terceira parte do Segredo', e uma interna de irmã Lúcia com a data '1960'"[34] (propondo novamente a mesma versão, incongruamente, também na nova edição do volume de 2010).

Naquela noite RaiUno fez a transmissão do *Porta a porta* (gravado no dia anterior),[35] na qual o cardeal Bertonde, já Secretário de Estado vaticano, exibiu uma quantidade inesperada de envelopes, que detalhou um de cada vez, partindo do maior: um envelope laranja, com a suposta localização "A.(rchivio) S.(egreto) 381", depositada em "6-III-1967" e escrito "Segreto di Fatima in traduzione italiana (manuscrito)". A folha dessa tradução não foi vista, nem existe traço da tradução anterior, a que foi preparada pelo sacerdote português Paolo Tavares para João XXIII e que o arcebispo Capovilla afirmou ter lido.[36] E nem foi jamais esclarecido o motivo da necessidade de uma nova tradução a oito anos de distância da anterior (a menos que não se trate de duas originais diferentes).

Portanto Bertone mostrou o envelope branco que foi selado em 8

---

[33]*http://www.vatican.va/roman_curia/congregations/cfaith/documents/rc_con_cfaith_doc_20000626_message-fatima_it.html.*

[34]Tarcisio Bertone - Giuseppe De Carli, *L'ultima veggente di Fatima*, RaiEri - Rizzoli 2007, p. 49.

[35]Il video è disponibile all'indirizzo Internet: *https://www.youtube.com/watch?v=AhB4WQtiBAE*.

[36]Tarcisio Bertone - Giuseppe De Carli, *L'ultimo segreto di Fatima*, RaiEri Bur 2010, p. 226: *"Lei ha letto anche la traduzione dal portoghese all'italiano? Sì, certamente". Ela leu também a tradução do português para o italiano?* Sim, com certeza.

de dezembro de 1945 pelo bispo de Leiria, do qual já falamos, e dentro um envelope de cor laranja e sem selos com o título do destinatário escrito por irmã Lúcia. "Vossa Excelência Reverendíssima Senhor D. José Alves Correia da Silva, Bispo de Leiria". Neste ponto, a surpresa mais impressionante, quando o cardeal tirou na sequência dois envelopes brancos, ambos com três marcas de cera sobre as quais irmã Lúcia havia escrito as mesmas palavras: "por ordem expressa de Nossa Senhora este envelope pode ser aberto somente em 1960, por sua excelência reverendíssima o senhor cardeal patriarca de Lisboa ou por sua excelência reverendíssima o senhor bispo de Leiria"[37]. Tratava-se da confirmação do que desde sempre foi repetido, mas também do que foi definido "o mais clamoroso dos gols"[38] do então Secretário de Estado, a máxima autoridade vaticana depois do Papa Bento XVI.

O Cardeal Bertone, de fato, desmentia de maneira surpreendente a própria síntese da entrevista que havia tido com irmã Lúcia em 27 de abril de 2000 e que estava inserida na documentação oficial do Vaticano ligada à "terceira parte" do Segredo: "Porque irmã Lúcia, antes de entregar ao então bispo de Leiria-Fátima o envelope selado contendo a terceira parte do 'segredo', havia escrito fora do envelope que podia ser aberto somente em 1960, ou pelo patriarca de Lisboa ou pelo bispo de Leiria, sua excelência o monsenhor Bertone lhe perguntou: 'Por que o vencimento em 1960? Foi Nossa Senhora a indicar aquela data?' Irmã Lúcia responde: 'Não foi a Senhora, mas fui eu a pôr a data de 1960, porque segundo a minha intuição, antes de 1960 não seria compreendido, seria compreendido somente depois. Agora pode-se entender melhor. Eu escrevi o que vi, não cabe a mim a interpretação, mas ao Papa'". Das duas uma: ou irmã Lúcia mentiu escrevendo "por ordem expressa de Nossa Senhora", ou então a exaustiva afirmação do arcebispo não é verdadeira.

---

[37] O envelope com esta escrita em português foi mostrado em 31 de maio de 2007 pelo cardeal Tarcisio Bertone na transmissão televisiva "Porta a Porta".

[38] Antonio Socci, *Bertone nel "vespaio" delle polemiche*, in "Libero Quotidiano", 2 de junho de 2007.

Os dois envelopes de irmã Lúcia

As dúvidas, neste evento, acumulam-se com muita facilidade. Basta lembrar que em um comunicado seguinte, relacionado a um novo encontro sempre de monsenhor Bertone com irmã Lúcia em 17 de novembro de 2001 (mas publicado pelo *Osservatore Romano* somente em 21 de dezembro seguinte, lê-se: "A quem encara a dúvida de que tenha sido escondido algo do 'terceiro segredo' (Lúcia) responde: 'Tudo foi publicado; não existe mais nada de segredo'". Mas, apenas algumas linhas mais adiante, a carmelita "acrescenta uma mensagem inédita à história da famosa visão profética: 'Durante a visão Nossa Senhora, que emanava um esplendor, segurava na mão direita um Coração e na mão esquerda o Rosário'"[39]!

Para não falar ainda no fato de que somente em fevereiro de 2006 foi publicado postumamente um texto, escrito por Lúcia em 1955 e enviado ao Vaticano já durante o pontificado de Paulo VI, do qual jamais se soube e o qual ofereceu uma tão esperada resposta a quem acreditava que no Segredo não tivesse existido qualquer referência ao Holocausto.

Referindo-se à explicação da Virgem a respeito do possível "pior" conflito depois da Primeira Guerra Mundial, a vidente detalhava: "No sentido que teria sido uma guerra ateia, contra a fé, contra Deus, contra o povo de Deus. Uma guerra que queria exterminar o judaísmo de onde provinham Jesus Cristo, Nossa Senhora e os Apostólos que nos transmitiram a Palavra de Deus e o dom da fé, da esperança e da caridade, povo eleito de Deus, escolhido desde o princípio: 'A salvação vem dos judeus'"[40].

Voltando aos dois envelopes escritos por irmã Lúcia, o último contendo o texto manuscrito da "terceira parte" do Segredo, media 14 centímetros de largura e 9 de altura (segundo a declaração ao vivo do cardeal Bertone), enquanto o outro que estava dentro tinha as medidas muito semelhantes às anotadas acima, antes de entregar o

---

[39] *http://press.vatican.va/content/salastampa/it/bollettino/pubblico/2001/12/20/0692.pdf.*
[40] Suor Lucia, *Come vedo il Messaggio nel corso del tempo e degli avvenimenti*, Secretariado dos pastorinhos 2006, p. 52.

pacote ao porta-voz em Portugal às 12 horas do dia 1º de março de 1957, ao bispo João Pereira Venâncio, que recortou duas folhas com a medida exata do envelope do bispo de Leiria e do de irmã Lúcia, redigindo uma declaração de que se encontra no arquivo do santuário de Fátima: "A folha maior indica a dimensão do envelope externo, com a data de 8 de dezembro de 1945 (14,5x22 cm); o segundo, correspondente ao envelope interno 'visto' em transparência (12x18 cm). A carta – vista também em transparência – há um formato um pouco menor, ¾ cm a menos acima e à direita, enquanto os outros lados se assemelham ao envelope interno"[41].

A questão fundamental que se seguiu, e que nunca foi respondida, é de onde saiu o envelope menor, do qual não se tinha conhecimento, e ao mesmo tempo por qual motivo Lúcia teria escrito a mesma indicação, relacionada à abertura em 1960, dos dois envelopes, a não ser para guardar duas escrituras diferentes.

Devemos nos lembrar também de que a vidente, em seu diário na data de 3 de janeiro de 1944, fala sempre e somente de um envelope na qual põe os selos de cera, supondo-se que o segundo documento e chamado de "anexo" tenha sido escrito em um outro momento. Além do mais, dobrada como estava em oito partes a folha mostrada pelo cardeal Bertone, dificilmente teria sido possível para monsenhor Pereira Venâncio separar em transparência no envelope os detalhes anotados por ele.

Aparecem significativamente, a respeito disso, também algumas diferenças entre a primeira e a segunda edição do livro-entrevista realizado pelo cardeal Bertone com o vaticanista Giuseppe De Carli, cuja reescritura parece querer eliminar certos problemas que surgiram depois que aqueles envelopes foram mostrados em rede televisiva:

---

[41]Aura Miguel, *Totus tuus: il segreto di Fatima nel pontificato di Giovanni Paolo 2°*, Itaca 2003, p. 141.

A última vidente de Fátima (9 de maio de 2007)	O último segredo de Fátima (5 de maio de 2010)
P. 49: Irmã Lúcia exclamou: "Sim, sim, são as minhas folhas e o envelope é meu, são as folhas que usei e esta é a minha escrita. Este é o meu envelope e esta é a minha escrita, este é o meu texto".	*P. 57:* Irmã Lúcia exclamou: "Sim, sim, é o meu papel'. E em seguida lendo-a: 'É a minha escrita'". É de se notar que desaparecem as referências às folhas (foi mostrada somente uma) e o envelope (foram mostradas duas escritas à mão pela vidente).
P. 75: Envelope "com as quatro páginas escritas à mão pela irmã Lúcia".	*P. 85:* Envelope "com uma folha com linhas dobrada em duas e quatro partes escritas à mão pela irmã Lúcia".
P. 76: "Duas coisas sei: que na memória daqueles que lidaram com o arquivo jamais existiram dois envelopes, mas somente um. O outro é a palavra, ou melhor, o reconhecimento oficial de irmã Lúcia: 'Este é o 'terceiro Segredo' e é o único texto?', 'Sim, este é o terceiro Segredo e eu jamais escrevi outro'".	*P. 86:* "Duas coisas: que na memória daqueles que lidaram com o arquivo não existiram jamais dois documentos diferentes, mas somente um contendo o envelope com o texto da terceira parte do Segredo. O outro é palavra, ou seja, o reconhecimento oficial de irmã Lúcia, muito determinada ao confirmar que aquela era realmente 'a terceira parte do Segredo' e que não havia escrito outro".

Por outro lado, igualmente importante, em toda a sequência de envelopes mostrados no "Porta a Porta" pelo cardeal Bertone faltou uma peça fundamental: o envelope com as anotações escritas pelo monsenhor Capovilla depois de João XXIII ter visto o texto.

Na agenda do Pontífice, na data de 17 de agosto de 1959, lê-se: "Audiências: P. Philippe, Comissário do S.(anto)O.(fício) que me trouxe a carta contendo a terceira parte do segredo de Fátima. Reservo-me para ler com o meu Confessor". Em uma entrevista com o vaticanista Giuseppe De Carli, o arcebispo detalhou o que acontece: "Estava Alfredo Cavagna, oitenta anos, teólogo e jurista. Juntos abrem o envelope. O Papa me chama. Diz: 'Estamos dando uma olhada no texto

de irmã Lúcia, mas não obtivemos sucesso. Pode nos dar uma mão?'
[...] É chamado um funcionário da Secretaria de Estado, o português
Paulo Tavares, um ótimo e santo sacerdote. Chamam-no depois de
um, dois dias. Faz uma tradução. O Papa vê, lê, considera, reza". Em
muitas declarações, sempre Capovilla determinou que participaram
também do texto os responsáveis da Secretaria de Estado, o cardeal
Domenico Tardini e os monsenhores Angelo Dell'Acqua e Antonio
Samorè, e todos os chefes dos departamentos do vaticano, a começar
pelo cardeal Alfredo Ottaviani do Santo Ofício e pelo Cardeal
Gregorio Pietro Agagianian da Propagação da Fé junto ao secretário
desta congregação monsenhor Pietro Sigismondi.

Depois de ter falado com todos, João XXIII ditou ao monsenhor
Capovilla algumas frases para escrever em um envelope que até agora
não foi mostrado publicamente. "O Santo Padre recebeu das mãos do
monsenhor Philippe este escrito. Reservou-se a ler na sexta-feira com o
seu confessor. Havendo expressões difíceis de entender, chama monsenhor
Tavares, que traduz. Mostra aos seus colaboradores mais próximos. E por
fim diz para selar o envelope, com esta frase: 'Não dou nenhuma opinião'.
Silêncio diante de algo que pode ser uma manifestação do divino, e pode
não ser"[42].

Uma observação, esta última, que se iguala ao que monsenhor
Stanislaw Dziwisz, secretário fiel de João Paulo II, confidenciou
ao vaticanista Marco Tosatti: "Nem sempre se entende bem o
que diz Nossa Senhora e o que diz irmã Lúcia"[43]. E que pareceria
confirmada até por algumas palavras pronunciadas por Bento XVI na
apresentação do livro-entrevista do cardeal Tarcisio Bertone, lá onde
faz referência às "palavras autênticas da terceria parte do segredo
de Fátima, contidas nas folhas escritas por irmã Lúcia"[44], dando a
entender que existam outras considerações "não autênticas", ou seja,
somente interpretaçãoes ou acréscimos da vidente.

---

[42]Marco Tosatti, *Il segreto non svelato*, Piemme 2002, p. 71-72.
[43]Ibidem, p. 50. Tratando-se de Dziwisz revelou o vaticanista Luigi Accattoli em *http://www. luigiaccattoli.it/blog/segreto-di-fatima-quando-i-cardinali-sapevano-tacere*.
[44]Tarcisio Bertone - Giuseppe De Carli, *L'ultimo segreto di Fatima*, RaiEri - Bur 2010, p. 10.

As motivações de 1960

Papa Paulo VI, em 28 de junho de 1963 (depois de ter recuperado na tarde anterior o documento na escrivaninha "Barbarigo" e desta forma ter lido o texto do Segredo), entre uma audiência e outra dirigiu-se ao monsenhor Capovilla, que estava em serviço na antecâmera pontifícia: "'Por que no envelope tem o seu nome?' 'João XXIII pediu-me para preparar uma nota sobre como o documento havia chegado às suas mãos com os nomes de todos aqueles os quais considerasse necessário conhecer'. 'Fez algum comentário?' 'Não, nada, exceto ao que escrevi no envólucro: *Deixo aos outros comentar e decidir*'. 'Eu também farei o mesmo. Em seguida retornou ao argumento?' 'Não, nunca. Todavia a devoção de Fátima permaneceu viva nele'.[45] A Robert Moynihan, diretor do periódico *Inside the Vatican*, monsenhor Capovilla determinou que havia escrito no envelope a frase ditada pelo Papa João XXIII "não a lápis, mas a caneta", de modo que não se pudesse cancelar acidentalmente, e, diante da interrogação sobre o motivo o qual nenhum dos envelopes expostos em rede televisiva pelo cardeal Bertone o tinha mostrado, Capovilla deixou escapar, um pouco enigmaticamente: "Talvez tivesse um segundo envelope"[46].

Teve conteúdo semelhante a conversa telefônica que o antigo secretário do Papa Roncalli realizou em 18 de julho de 2006 com o estudioso Solideo Paolini, que lhe mostrava o problema das duas datas em que Paulo VI teria lido o Segredo, em 27 de junho de 1963, segundo o mesmo arcebispo Capovilla; em 27 de março de 1965, segundo o arcebispo Bertone: "Monsenhor Capovilla: 'Mas eu justifico, talvez o documento de Bertone não seja o mesmo do Capovilla...'. E eu logo, interrompendo-o: 'Portanto ambas as datas são verdadeiras porque existem dois textos do terceiro segredo?'

---

[45]Ibidem, p. 228-229 e *http://www.ilsegretoancoranascosto.it/pdf/apendice1.pdf*.
[46]*http://insidethevatican.com/news/newsflash/letter-49-2016-russia*.

Aqui houve uma breve pausa de silêncio, depois monsenhor retomou: 'Para anotar!'"[47]

Vimos que Lúcia atribuiu à Virgem a disposição de tornar público o Segredo em 1960. O motivo dessa data veio ilustrado pessoalmente pela vidente na carta de 6 de junho de 1958 a Pio XII: "Santo Padre, com o devido respeito e reverência a para com a digníssima pessoa de Vossa Santidade e a conhecimento de sua excelência reverendíssima o porta-voz apostólico e arcebispo de Coimbra, exponho o que considero que seja a vontade de Deus. Vossa Santidade já sabe da existência do chamado segredo de Fátima, fechado em um envelope selado que poderá ser aberto depois do início dos anos 1960. Mesmo que eu não possa revelar o conteúdo, dado que o período se aproxima, devo dizer que, nos anos 1960, o comunismo alcançará o ápice, depois começará a diminuir em intensidade e em duração, e a isso sucederá o triunfo do Coração Imaculado de Maria e o Reino de Cristo. Para alcançar este objetivo, Deus quer que se intensifiquem todas as obras apostólicas, e como acréscimo quer que se espalhe pelo mundo, como eco seu, faz-se a minha voz, contando o que foi e o que é a mensagem de Fátima a respeito de Deus e das almas, o tempo e a eternidade, para revelar aos espíritos o caminho da vida cristã que devem empreender e os erros dos quais devem-se manter longe, para que não se deixem enganar por falsas doutrinas"[48]. E já o cardeal Ottaviani tinha explicado anteriormente: "Porque então parecerá mais claro"[49]. Mas o motivo dessa maior clareza jamais foi posta adequadamente à luz.

Depois da eleição de João XXIII, irmã Lúcia lhe fez acrescentar por meio do porta-voz em Portugal Fernando Cento o pedido, antecipado a Pio XII em acordos divinos, de poder lançar uma mensagem radiofônica ao mundo. Infelizmente jamais se soube o que a vidente quisesse transmitir porque Papa Roncalli – que quando tinha ido a Fátima entre 9 e 15 de maio de 1956 para presidir as celebrações pelo

---

[47]Solideo Paolini, *Fatima. Non disprezzate le* profezie, Immaculate Heart Publications 2010, p. IX.
[48]Carmelo di Coimbra, *Un cammino sotto lo sguardo di Maria*, Edizioni Ocd 2014, p. 300.
[49]*Documentation catholique*, 19 marzo 1967, colonna 542.

25° aniversário da consagração de Portugal ao Coração Imaculado de Maria havia sublinhado que era justo respeitar o "recôndito mistério dos segredos confidenciado aos videntes"[50] – "em acordo com os cardeais Tardini e Ottaviani, havia negado a autorização"[51], segundo o que revelou monsenhor Capovilla no depoimento secreto de 17 de fevereiro de 1970 diante do cardeal Secretário de Estado Jean Villot e do arcebispo substituto Giovanni Benelli.

Desde a primeira semana de janeiro de 1960 começava a agitar uma grande espera, entre os devotos de Fátima e não somente isso. O jornal de Lisboa *A Voz* anunciou a iminente publicação do Segredo, enquanto o correspondente de Roma do cotidiano *ABC* de Madri escreveu que "no momento não se sabe nada, mas já a imprensa mundial, e em particular a imprensa italiana que manifesta a curiosidade e a ansiedade de milhões de católicos, está perguntando quando o famoso documento será aberto e vindo a público"[52].

Mas improvisadamente, em 8 de fevereiro seguinte, um despacho da agência de imprensa portuguesa Ani (Agência Nacional de Informação) gelou a todos, publicou que "segundo fontes vaticanas, o Segredo de Fátima não será jamais divulgado. Foi apenas declarado, em ambientes do Vaticano muito receptíveis, aos representantes da United Press International, que é muito provável que não virá jamais publicada a carta na qual irmã Lúcia transcreveu as palavras que Nossa Senhora tinha confiado como um segredo aos três pastores na Cova da Iria. Como indicado por irmã Lúcia, a carta podia ser divulgada durante o ano de 1960. Diante das pressões que foram feitas no Vaticano – por um lado, daqueles que querem que a carta seja conhecida ao mundo; por outro lado, por aqueles que desejam que sua publicação seja bloqueada, considerando que possa conter profecias alarmantes – os mesmos ambientes do Vaticano declaram que o Vaticano decidiu não tornar pública a carta de irmã Lúcia, e de continuar a mantê-la rigorosamente em sigilo. A decisão do Vaticano

---

[50]Saverio Gaeta, *Giovanni XXIII. Una vita di santità*, Mondadori 2000, p. 235-236.

[51]Saverio Gaeta, *Il Veggente*, Salani 2016, p. 68-69.

[52]Joaquin María Alonso, *La verdad sobre el Secreto de Fátima*, Centro Mariano 1976, p. 54.

baseia-se em diferentes motivos: *1.* Irmã Lúcia está ainda viva. *2.* O Vaticano conhece já o conteúdo da carta. *3.* Mesmo que a Igreja reconheça as aparições de Fátima, não se empenha para garantir a veracidade das palavras que os três pastores afirmam ter escutado da Virgem Santíssima. Nessas circuntâncias, é muito provável que o Segredo de Fátima permaneça, para sempre, em segredo absoluto"[53].

As primeiras duas motivações não têm grande importância, enquanto que a terceira resulta mais compreensível, que se liga perfeitamente à última frase da citada anotação de João XXIII. Com as palavras de monsenhor Capovilla, o motivo pelo qual o Papa Roncalli decidiu não publicar era que "1. Não lhe parecia *constare tuto de supernaturalitate rei* (N.A.: estar certo da sobrenaturalidade da coisa). 2. Não ousava arriscar uma interpretação imediata, enquanto no complexo o 'fenômeno Fátima', independentemente dos pequenos detalhes, deixava-lhe prever desenvolvimentos de autêntica piedade religiosa"[54]. Porém é incompreensível, à prova dos fatos, uma outra resposta de Capovilla: "Não é que João XXIII não quisesse saber. É que ninguém lhe falou, ninguém sugeriu aquele vencimento pelo simples fato de que o texto o qual havia visualizado não continha e não contém nenhuma referência explícita ao ano de 1960, nem a anos posteriores"[55]. Tendo em vista que em dois envelopes havia a clara anotação de irmã Lúcia, qual outro envelope selado Papa Roncalli teria aberto?

Em 24 de fevereiro de 1960, comentando a notícia da agência Ani, o cardeal patriarca Cerejeira declarou considerá-la digna de fé (apesar de a fonte ter sido anônima), determinando não ter sido procurado para a consulta.[56] Portanto não se tratou de uma comunicação oficial do Vaticano, mas sim de um "vazamento", mais ou menos manipulado. É por isso verossímil que a decisão à qual se refere tivesse sido tomada nos dias imediatamente anteriores:

---

[53]Ibidem, p. 55-56.
[54]Enrico Galavotti, *Processo a Papa Giovanni*, Il Mulino 2005, p. 470.
[55]Marco Roncalli, *Giovanni XXIII nel ricordo del segretario Loris F. Capovilla*, San Paolo 1994, p. 116.
[56]Michel de la Sainte Trinité, *The whole truth about Fatima*, Volume III - Parte II - Capítulo 3.

o jesuíta Malachi Martin, colaborador do cardeal Augustin Bea, afirmou que havia participado, em fevereiro de 1960, "de um encontro realizado pelo Papa João XXIII para perguntar a certo número de cardeais e prelados o que pensavam sobre o que se poderia fazer com o segredo"[57].

Padre Joaquin María Alonso, que estudou longamente a documentação oficial de Fátima, ofereceu sua própria explicação como autoridade: "Uma revelação antecipada do texto teria agravado posteriormente a fratura que continua a dividir em duas a Igreja: um tradicionalismo que teria recebido apoio das profecias de Fátima e um progressismo que teria lançado aos gritos uma injúria contra essas aparições que, de forma escandalosa, teriam firmado o progresso conciliar da Igreja... Papa João XXIII declarou que o texto não se referia ao seu pontificado. Papa Paulo VI pensou que fosse mais prudente atrasar a revelação do texto, adiando-a para tempos melhores"[58].

Durante o pontificado de Paulo VI – em vista da sua viagem a Fátima, em 13 de maio de 1967, pelo 50º das aparições – em 1º de março de 1967, desenvolveu-se uma plenária da Congregação para a Doutrina da Fé durante a qual foi lida a "terceira parte" do Segredo e se discutiu se seria conveniente publicá-la: mesmo que se prevalecessem nesse caso os aspectos negativos.[59]

A revelação de 2000

Foi então necessário esperar até 13 de maio de 2000, quando se realizou em Fátima a cerimônia para a beatificação de Francisco e Jacinta Marto, presidida por João Paulo II. O Papa sublinhou na homilia que "a mensagem de Fátima é um chamado à conversão, fazendo um apelo à humanidade para que não esteja no jogo do 'dragão', o qual com o 'rabo

---

[57]Saverio Gaeta, *Il Veggente*, Salani 2016, p. 69.
[58]Joaquin María Alonso, *De nuevo el Secreto de Fátima*, in 'Ephemerides mariologicae' 1982, fasc. L, p. 93.
[59]*http://www.luigiaccattoli.it/blog/segreto-di-fatima-quando-i-cardinali-sapevano-tacere*.

— 75 —

arrastava para baixo um terço das estrelas do céu e as lançava sobre a terra' (N.A.: segundo uma interpretação do Apocalipse, tratar-se-ia dos eclesiásticos). A última meta do homem é o Céu, sua verdadeira casa onde o Pai celeste, no seu amor misericordioso, está à espera de todos. Deus quer que ninguém se perca; por isso, dois mil anos atrás, enviou à terra o seu Filho para 'procurar e salvar o que estava perdido'. Ele nos salvou com a sua morte na cruz. Ninguém considera em vão aquela Cruz! Jesus está morto e ressuscitado para ser 'o primogênito de muitos irmãos'. Na sua solicitude materna, a Santíssima Virgem veio aqui, a Fátima, para pedir aos homens para 'não ofender mais a Deus, Nosso Senhor, que está já muito ofendido'. É a dor de mãe que o obriga a falar; está em jogo o destino dos seus filhos"[60].

Ao terminar a Missa, o cardeal secretário de Estado Angelo Sodano anunciou que "para consentir aos fiéis um melhor acolhimento da mensagem da Virgem de Fátima, o Papa confiou à Congregação para a Doutrina da Fé a tarefa de tornar pública a terceira parte do Segredo, depois de ter preparado um comentário adequado". A apresentação do texto aconteceu em 26 de junho seguinte com uma conferência de imprensa realizada pelo prefeito e pelo secretário do ex Santo Ofício, respectivamente o cardeal Joseph Ratzinger e o arcebispo Tarcisio Bertone, e este último propôs como motivos do atraso de Lúcia ao fixar os acontecimentos e as palavras em textos escritos "a entrega rigorosa do 'segredo' por parte de 'Nossa Senhora' e ao mesmo tempo a desconfiança das autoridades religiosas (também internas na congregação das irmãs Doroteias)"[61].

Na documentação fornecida pela Congregação havia também as fotografias do manuscrito de irmã Lúcia, de caligrafia escolar, nítida e caprichada, que posteriormente o cardeal Bertone mostrou em rede televisiva: uma folha dobrada em duas (dobrada ainda novamente para poder inseri-la no envelope), de modo a mostrar as quatro faces

---

[60]*https://w2.vatican.va/content/john-paul-ii/it/travels/2000/documents/hf_jp-ii_hom_20000513_beatification-fatima.html.*
[61]*https://press.vatican.va/content/salastampa/it/bollettino/pubblico/2000/06/26/0407/01462.html.*

com 16 linhas horizontais cada uma, como o papel de cartas que se utilizava algumas décadas atrás, ou as páginas centrais de um caderno com os grampos.

Esta é a tradução oficial do original em português, também aqui com algumas anotações: "J. M. J. A terceira parte do Segredo revelado em 13 de julho de 1917 na Cova da Iria – Fátima. Escrevo em ato de obediência a vós, meu Deus, que me ordena por meio de Sua Excelência Reverendíssima o senhor bispo de Leiria e da vossa e minha Santíssima Mãe. Depois das duas partes que já expus, vimos ao lado esquerdo de Nossa Senhora um pouco mais no alto um Anjo com uma espada de fogo na mão esquerda, cintilando emitia chamas e parecia que incendiavam o mundo, mas se apagavam ao contato do esplendor que Nossa Senhora emanava da sua mão direita em direção a ele (N.A.: na tradução proposta pela professora Mariagrazia Russo, considera-se mais plausível que Nossa Senhora estenda a mão contra o Anjo mesmo contra as chamas)[62]: o Anjo indicando a terra com a mão direita, com voz forte disse: *Penitência, Penitência, Penitência!* E vimos em uma luz imensa que é Deus: 'algo parecido a como se veem as pessoas quando passam diante de um espelho' um Bispo vestido de Branco 'tivemos o pressentimento de que fosse o Santo Padre'. Muitos outros Bispos, Sacerdotes, religiosos e religiosas subir uma montanha íngreme, lá em cima onde havia uma grande Cruz de largos troncos como se fosse de cortiça com sua casca; o Santo Padre, antes de chegar, atravessou uma grande cidade metade em ruínas e meio trêmulo com o andar vacilante, aflito (N.A.: a professora Russo propõe como alternativas 'cabisbaixo, opressivo, humilhado, mortificado')[63] de dor e de pena, rezava (N.A.: a professora Russo propõe 'avançava rezando')[64] pelas almas dos cadáveres que encontrava no seu (N.A.: 'seu' no original não existe) caminho (N.A.: a professora Russo propõe 'longo o caminho')[65]; assim que chegou

---

[62]Mariagrazia Russo, *Appendice*, in Antonio Socci, *Il quarto segreto di Fatima*, Rizzoli 2006, p. 246.
[63]Ibidem, p. 247.
[64]Ibidem, p. 246.
[65]Ibidem, p. 246.

ao monte, prostrado de joelhos aos pés da grande Cruz foi morto por um grupo de soldados que lhe dispararam vários tiros (de arma de fogo) e flechas, e do mesmo modo morreram uns depois outros (N.A.: a professora Russo propõe 'morreram um depois do outro')[66] os Bispos, Sacerdotes, religiosos e religiosas e muitas pessoas leigas, homens e mulheres de diversas classes e posições. Sob os dois braços da Cruz havia dois Anjos cada um com um regador de cristal na mão, nos quais coletavam o sangue dos Mártires e com isso irrigavam as almas que se aproximava de Deus"[67].

Já no início do comentário teológico, o cardeal Ratzinger, depois de ter determinado que o texto "vem aqui inteiramente publicado", afirmou que o leitor "ficará presumivelmente desiludido ou maravilhado depois de todas as especulações que foram feitas. Nenhum grande mistério é revelado; o véu do futuro não vem rasgado"[68].

Basicamente, o então prefeito da Congregação para a Doutrina da Fé fez justamente a interpretação chave que algumas semanas antes havia sugerido publicamente o cardeal Sodano (embora se tenha notado o uso da expressão "devemos", e particularmente: "Devemos afirmar com o cardeal Sodano"[69], querendo quase enfatizar uma sutil falta de responsabilidade).

Havia afirmado o secretário de Estado, em 13 de maio de 2000: "Tal texto constitui uma visão profética comparável aos da Sagrada Escritura, que não descrevem em sentido fotográfico os detalhes dos acontecimentos futuros, mas sintetizam e condensam sobre o mesmo fundo fatos que se distendem no tempo em uma sucessão e duração não determinada. Como consequência a chave de leitura do texto não pode possuir nada além de um caráter simbólico. A visão de Fátima considera sobretudo a luta dos sistemas ateus contra a Igreja e os cristãos e descreve os terríveis sofrimentos dos testemunhos da fé

---

[66]Ibidem, p. 246.
[67]*http://www.vatican.va/roman_curia/congregations/cfaith/documents/rc_con_cfaith_doc_20000626_message-fatima_it.html.*
[68]Ibidem.
[69]Ibidem.

do último século do segundo milênio. É uma interminável *Via Crucis* guiada pelos Papas do século vinte. Segundo a interpretação dos pastorinhos, interpretação confirmada também recentemente pela irmã Lúcia, o 'Bispo vestido de Branco' que reza por todos os fiéis é o Papa. Ele também, caminhando com muita fadiga em direção à Cruz entre os cadáveres dos martirizados (bispos, sacerdotes, religiosos e religiosas e numerosos leigos) cai à terra como morto, sob os golpes de arma de fogo. [...] Mesmo que os acontecimentos ao qual se refere a terceira parte do segredo de Fátima pareçam desde então pertencer ao passado, a chamada da Virgem Santíssima à conversão e à penitência, pronunciada no início do século vinte, conserva ainda hoje sua estimulante atualidade"[70].

Mais que morto, assassinado

Nos dias seguintes, todos os comentários se tinham fundado sobre as palavras do cardeal Sodano. Mas, quando o texto do Segredo foi publicado ao fim do mês seguinte, percebeu-se que a expressão "como morto" era decididamente enganadora, enquanto Nossa Senhora havia mostrado o Papa realmente "morto".

E também o calcário sobre o "caráter simbólico" e inscrição "no passado" resultam de todo impróprias, quase a querer varrer todas as nuvens do futuro. Apesar disso, em 26 de junho ficaram esculpidas as afirmações de apoio do cardeal Ratzinger: "À medida em que simples eventos são representados, esses desde então pertencem ao passado. Quem havia esperado sensivelmente revelações apocalípticas sobre o fim do mundo ou futuro curso da história, deve permanecer desiludido. Fátima não nos oferece tais contentamentos à nossa curiosidade, como o resto, em geral a fé cristã não quer e não pode ser alimento para a nossa curiosidade. Vimos isso logo no início das nossas reflexões sobre o texto do 'segredo': a exortação à oração como

---

[70]*http://press.vatican.va/content/salastampa/it/bollettino/pubblico/2000/05/13/0301/01092.html.*

caminho para a 'salvação das almas' e no mesmo sentido a chamada à penitência e à conversão"[71]

O cardeal prosseguiu com a prova das simples imagens: "O anjo com a espada de fogo à esquerda da Mãe de Deus lembra análogas imagens do Apocalipse. Ele representa a ameaça do juízo, que domina o mundo. [...] a visão mostra depois a força que se contrapõe ao poder da destruição, o esplendor da Mãe de Deus, e, proveniente disso, o apelo à penitência. Desse modo vem sublinhada a importância da liberdade do homem: o futuro não é de fato imutável. [...] O lugar da ação vem descrito com três símbolos: uma íngreme montanha, uma grande cidade metade em ruína e finalmente uma grande cruz de troncos largos. Montanha e cidade simbolizam o lugar da história humana: a história como trabalhosa ascensão em direção ao alto, a história como lugar da criatividade humana e convivência, mas ao mesmo tempo como lugar das destruições, nas quais o homem aniquila a obra do seu próprio trabalho. A cidade pode ser lugar de comunhão e de progresso, mas também do perigo e da ameaça mais extrema. Sobre a montanha está a cruz, meta e ponto de orientação da história. Na cruz a destruição é transformada em salvação; ergue--se como sinal da miséria da história e como promessa por ela. [...] O caminho da Igreja vem descrito dessa forma como uma via em um tempo de violência, de destruições e de perseguições. Pode-se encontrar retratada nesta imagem a história de um século inteiro"[72].

Falando improvisadamente no "pergunta e resposta" com os jornalistas, o cardeal determinou que "não é intenção da Igreja impor uma interpretação: não existe uma definição, ou interpretação oficial, da Igreja sobre tal visão". Mas logo depois vem registrada essa clara resposta: "*Pode-se afirmar que essa mensagem pertence somente ao passado? Que a visão é desde então completa e que não há perigo para o futuro?* Penso que sim. Aqui se trata de uma história muito

---

[71] *http://www.vatican.va/roman_curia/congregations/cfaith/documents/rc_con_cfaith_doc_20000626_message-fatima_it.html.*
[72] Ibidem.

específica de perseguição, de violência, de destruição das cidades e do ser humano. Acredito que este mundo das destruições, das violências e das guerras – culminante, finalmente, no atentado ao Papa atual – é o conteúdo concreto desta visão, que não indica o percurso da história futura"[73].

Um primeiro esclarecimento foi feito quando, em setembro seguinte, o bispo eslovaco Pavol Maria Hnilica assinalou algumas dúvidas, obvervando especialmente "a impressão de que, fechando-se o século 1900-2000, quer-se fechar ali dentro, e por isso concluir, o efeito e o valor da 'profecia de Fátima'". O cardeal Ratzinger determinou: "no meu 'comentário' não pretendia atribuir exclusivamente ao passado os conteúdos do segredo, de maneira simplista. As grandes visões têm sempre uma dupla dimensão: um significado imediato e próximo, e um valor permanente. O exemplo clássico é o discurso escatológico do Senhor; preanuncia como iminente a catástrofe de Jerusalém, mas transparece neste acontecimento do presente, o fim do mundo, e torna-se assim aviso à vigilância para todas as gerações. De modo análogo deciframos no 'segredo de Fátima' o martirológio do século passado no qual se reflete porém a perseguição até o fim do mundo"[74].

Transcorridos dez anos porém, e tornado Pontífice com o nome de Bento XVI, Ratzinger pareceu cumprir uma vistosa mudança de direção durante a peregrinação de 2010 em Fátima. Assim que chegou à terra portuguesa, em 11 de maio, afirmou que aquela manifestação mariana tinha sido "como uma janela de esperança que Deus abre quando o homem lhe fecha a porta"[75]. Pouco antes, no encontro com os jornalistas durante o voo, havia determinado que no Segredo "além desta grande visão do sofrimento do Papa, que podemos, em primeira instância, referir-se ao Papa João Paulo II, são indicadas realidades do futuro da Igreja que pouco a pouco se desenvolvem e se mostram. Por

---

[73]*https://gloria.tv/video/DuarTyd7B92H4fUXfHYUzPtuX*, minuto 14:45.

[74]A mudança epistolar encontra-se em: *http://www.reginamundi.info/apparizioni/fatima/Fatima%20Lettere%20Ratzinger%20Hnilica.pdf*.

[75]*http://press.vatican.va/content/salastampa/it/bollettino/pubblico/2010/05/11/0294/00675.html*.

isso é verdade que além do momento indicado na visão, fala-se, vê-se a necessidade de uma paixão da Igreja, que naturalmente se reflete na pessoa do Papa, mas o Papa está para a Igreja e portanto são sofrimentos da Igreja que se anunciam"[76]. E uma questão relevante tinha sido reservada para o discurso da fé que "em amplas regiões da terra, arrisca--se apagar, como uma chama que não é mais alimentada"[77].

Portanto havia ampliado ainda mais o horizonte, detalhando que "quanto às novidades que podemos descobrir hoje nesta mensagem, existe também o fato de que os ataques ao Papa e à Igreja não vêm somente de fora, mas os sofrimentos da Igreja vêm justamente do interior dela, do pecado que existe na Igreja. Soube-se também disso, mas hoje o vemos de modo realmente terrificante: que a maior perseguição da Igreja não vem dos inimigos de fora, mas nasce do pecado na Igreja e que a Igreja portanto tem profunda necessidade de re-aprender a penitência, de aceitar a purificação, de aprender por um lado o perdão, mas também a necessidade da justiça"[78]. E enfim, na Missa de 13 de maio no adro do santuário, deixava escapar palavras dificilmente previsíveis: "Iria se iludir quem pensasse que a missão profética de Fátima estivesse concluída. Aqui se revive aquele desenho de Deus que interpela a humanidade desde os seus primórdios: 'Onde está Abel, teu irmão? [...] A voz do sangue de teu irmão clama por mim da terra!' (*Gênesis* 4,9). O homem pode desencadear um ciclo de morte e de terror, mas não consegue interrompê-lo. [...] Possam estes sete anos que nos separam do centenário das aparições apressar o preanunciado triunfo do Coração Imaculado de Maria a glória da Santíssima Trindade"[79].

Um novo pensamento, naqueles mesmos dias, foi manifestado também pelo cardeal Bertone. Na primeira edição de 2007 do seu livro-entrevista com Giuseppe De Carli, respondendo à

---

[76]*http://press.vatican.va/content/salastampa/it/bollettino/pubblico/2010/05/12/0300/00707.html.*
[77]*http://press.vatican.va/content/salastampa/it/bollettino/pubblico/2010/05/12/0304/00684.html.*
[78]*http://press.vatican.va/content/salastampa/it/bollettino/pubblico/2010/05/12/0300/00707.html.*
[79]*http://press.vatican.va/content/salastampa/it/bollettino/pubblico/2010/05/13/0306/00686.html.*

interrogação sobre a conexão que tinha traçado entre as palavras do terceiro Segredo e o ferimento de João Paulo II, havia afirmado: "Discorrer por aquelas linhas e ligá-las ao atentado foi para mim imediato. Envolviam mesmo a Igreja do nosso tempo, o Papa do nosso tempo"[80]. Na segunda edição de 2010, o texto foi desta forma alterado: "Naturalmente a concatenação das reflexões e das sensações provadas não me deixou indiferente e na minha alma crescia a ideia de que aquela visão pudesse ser ligada à Igreja do nosso tempo, ao Papa do nosso tempo"[81]. Igualmente, em 2007 lia-se: "A obstinação da mídia é a de não se dar conta de que a profecia não é aberta ao futuro, é entregue ao passado. Não se rende à evidência"[82]. E em 2010: "A obstinação jornalística é a de não se dar conta de que a profecia se realizou no passado, no evento indicado. Mas, como foi sabiamente notado, considera também o martírio da Igreja que se prolonga nos séculos, também neste nosso século XXI"[83].

Em maio de 2015, o cardeal Angelo Amato, irmão salesiano e sucessor de Bertone desde 2002 a 2008 como secretário da Congregação para a Doutrina da Fé, pronunciou na Universidade Antonianum de Roma o discurso de posse na convenção "A mensagem de Fátima entre carisma e profecia"[84] e foi claro ao afirmar que "não existe um quarto segredo nem existem outros segredos escondidos", deixando porém cair uma notícia inédita: "As primeiras duas partes foram escritas por irmã Lúcia em 1941 (com alguns acréscimos feitos em 1951)". Jamais se soube algo desses acréscimos, nem a referência pode ser citação do Holocausto, que foi redigida pela vidente em 1955 como pedido do padre geral da ordem carmelita Anastasio Ballestrero[85].

Em um fórum de especialistas como o de Antonianum resultou como paradoxal além de repetidas as afirmações desmentidas desde

---

[80] Tarcisio Bertone - Giuseppe De Carli, *L'ultima veggente di Fatima*, RaiEri - Rizzoli 2007, p. 51.

[81] Tarcisio Bertone - Giuseppe De Carli, *L'ultimo segreto di Fatima*, RaiEri - Bur 2010, p. 60.

[82] Tarcisio Bertone - Giuseppe De Carli, *L'ultima veggente di Fatima*, RaiEri - Rizzoli 2007, p. 79.

[83] Tarcisio Bertone - Giuseppe De Carli, *L'ultimo segreto di Fatima*, RaiEri - Bur 2010, p. 89.

[84] Ampi stralci sono proposti ne *L'Osservatore Romano* dell'8 maggio 2015.

[85] Tarcisio Bertone - Giuseppe De Carli, *L'ultima veggente di Fatima*, RaiEri - Rizzoli 2007, p. 151.

aquele momento dos fatos: "Por vontade de irmã Lúcia ele podia ser aberto somente depois de 1960"; e a ainda mais ilógica: "Depois da leitura da terceira parte (N.A.: realizada não antes de 18 de julho de 1981) Papa João Paulo II pensou logo na consagração do mundo ao Coração Imaculado de Maria (N.A.: celebrada anteriormente em 7 de junho de 1981)".

Foi porém significativa, por parte de uma autoridade vaticana como o cardeal Amato, que teve certamente acesso a todo o encarte de irmã Lúcia ("tive o privilégio de ter em mãos e ler os manuscritos originais considerando os segredos de Fátima e a sua mensagem", afirmou com benevolência na mesma ocasião), a atualização do terceiro Segredo aos tempos de Papa Bergoglio: "Como repete frequentemente Francisco, a Igreja hoje é igreja dos mártires, daqueles cristãos que, desamparados, são cotidianamente mortos somente por ódio à sua inabalável fé no Nosso Senhor Jesus Cristo. A mensagem de Fátima evoca esse drama de modo visionário, elevando o véu sobre os acontecimentos históricos concretos onde, a benevolente Providência de Deus, opõe-se à maléfica vontade do mal da parte do inimigo do bem, que, como ousou tentar Jesus, também continua ainda hoje a tentar a sua Igreja santa, incutindo no coração dos homens sentimentos de inimizade e de morte. Fátima, com o seu amoroso segredo, é sem dúvida a mais profética das aparições modernas, com as concretas alusões à guerra, divisões, tragédias".

O detalhe mais recente desses acontecimentos surge em 15 de maio de 2016, quando o site *www.onepeterfive.com* publicou uma notícia fornecida pelo professor Ingo Dollinger, antigo amigo pessoal de Joseph Ratzinger, sobre uma troca de conversa entre eles pouco depois do ano de 2000: "'Existe muito mais do que o que publicamos', disse Ratzinger. E disse também Dollinger que a parte do Segredo publicada é autêntica e que a parte não publicada do Segredo fala de 'um mau Concílio e de uma má Missa que seriam agregadas no próximo futuro".[86] A informação havia já sido publicada em maio de 2009 no *Fatima Crusader*, mas não tinha tido grande eco.[87] Em 21 de maio de 2016, a Sala de imprensa vaticana emitiu um boletim de negação (por sua vez contestado por Dollinger[88]): "O Papa emérito Bento XVI comunica 'que nunca falou com o prof. Dollinger a respeito de Fátima', afirma claramente que os enunciados atribuídos ao prof. Dollinger sobre esse tema 'são invenções, absolutamente não verdadeiras' e confirma decididamente: 'A publicação do terceiro Segredo de Fátima está completa'"[89].

As hipóteses sobre os dois textos

Resta o fato de que uma notável quantidade de testemunhos parece valorizar a hipótese do "anexo", a partir do que citou padre Schweigl, retornando em 1952 a Fátima, confiou a um colega do instituto Russicum de Roma: "Não posso revelar nada do que aprendi em Fátima a respeito do terceiro Segredo, mas posso dizer que possui duas partes: uma considera o Papa. A outra, logicamente, mesmo que não deva dizer nada, deveria ser a continuação das palavras: 'Em Portugal se conservará sempre o dogma da fé'". Fazendo referência à parte relacionada ao Papa, o colega tentou lhe perguntar se se tratava do Papa daquele tempo ou de um posterior, mas padre Schweigl não respondeu.[90] De certa forma era a confirmação que, inserindo aquela frase na *Quarta memória*, irmã Lúcia havia realmente mostrado a essência do terceiro Segredo, como, aliás, deixou transparecer na resposta ao bispo da Silva que lhe pedia para escrever a 'terceira parte': "Definitivamente não é necessário, visto que eu já tenha dito"[91].

---

[86]*http://www.onepeterfive.com/cardinal-ratzinger-not-published-whole-third-secret-fatima.*
[87]*http://www.fatimacrusader.com/cr92/cr92pg7.pdf.*
[88]*http://chiesaepostconcilio.blogspot.it/2016/05/fatima-forever-dollinger-risponde-bxvi.html.*
[89]*http://press.vatican.va/content/salastampa/it/bollettino/pubblico/2016/05/21/0366/00855.html.*
[90]Michel de la Sainte Trinité, *The whole truth about Fatima*, Volume III - Parte II - Capitolo 5.
[91]Joaquin María Alonso, *La verdad sobre el Secreto de Fátima*, Centro Mariano 1976, p. 64.

Fora essas evidências, que porém vieram a público somente em 1985, o primeiro a citar oficialmente algum conteúdo da "terceira parte" do Segredo foi padre Augustin Fuentes, que em 26 de dezembro de 1957 encontrou irmã Lúcia para falar dos primos Francisco e Jacinta, dos quais tinha sido nomeado para ser postulador do processo de canonização.

Depois de ter retornado ao México, em 22 de maio de 1958, fez uma conferência na qual descreveu as palavras muito preocupadas que tinha ouvido da vidente. A transcrição daquele discurso foi publicada no México, com a explícita permissão do arcebispo de Veracruz Manuel Pío López Estrada, e em abril de 1959 e 22 de junho seguinte foi proposta novamente pelo periódico português *A Voz*. O clamor foi enorme, a ponto de forçar a diocese de Coimbra a promulgar, em 2 de julho, uma dura negação corroborada pela declaração de irmã Lúcia: "Não é exato nem verdadeiro. Eu não sei nada e, por conseguinte, não posso dizer nada a respeito de castigos falsamente atribuídos a mim"[92].

Padre Alonso, que como já sabemos foi o maior estudioso de Fátima, primeiramente aceitou esta reprovação de padre Fuentes mas, em seguida, depois de análises muito aprofundadas, convenceu-se de que era então plausível e publicou no próprio livro uma síntese daquela conferência, citando as palavras atribuídas a irmã Lúcia: "Padre, a Santíssima Virgem está muito triste porque ninguém prestou atenção à sua Mensagem, nem os bons nem os maus. Os bons continuam no seu caminho, mas sem dar qualquer importância à sua mensagem. Os maus, não vendo nenhum castigo de Deus abater-se efetivamente sobre eles, continuam também esses a sua vida pecaminosa, sem cuidar da mensagem. Mas acredite em mim, padre, Deus punirá o mundo e fará isso de modo terrível. A punição do Céu é iminente... Quanto tempo falta para a chegada de 1960? Será muito triste para todos, nenhum indivíduo poderá provar alguma alegria se o mundo não rezar ou não fizer penitência. Não posso fornecer outros detalhes, porque é ainda um segredo...".

---

[92]*http://www.srlucia.com/BookPdf/various_documents_the_case_of_father_fuentes.pdf*.

A irmã porém prosseguiu: "Esta é a terceira parte da Mensagem de Nossa Senhora, que permanecerá secreta até 1960. Diga-lhes, padre, que muitas vezes a Santíssima Virgem disse aos meus primos Francisco e Jacinta, assim como a mim, que muitas nações desaparecerão da face da terra. Ela disse que a Rússia será o instrumento de castigo escolhido pelo Céu para punir o mundo inteiro, se antes disso não obtivermos a conversão daquela pobre nação... Padre, o diabo está prestes a se engajar em uma batalha decisiva contra a Beata Virgem. E o diabo sabe o que mais ofende a Deus e que irá em pouco tempo adquirir o maior número de almas. Por isso, o diabo faz de tudo para obter o melhor sobre as almas consagradas a Deus, porque sabe que deste modo, com as almas dos fiéis abandonadas por si mesmas e deixadas sem seus próprios guias, conseguirá fazê-las cair mais facilmente em suas mãos... O que aflige o Coração Imaculado de Maria e o Coração de Jesus é a queda das almas dos religiosos e dos sacerdotes. O diabo sabe que para cada religioso ou sacerdote que renega a sua santa vocação, muitas almas são arrastadas para o inferno... O diabo anseia pela posse das almas consagradas. Procura de qualquer modo corrompê-las, para adormecer as almas dos leigos e conduzi-las à pior impenitência... É por esse motivo que a minha missão não é a de indicar ao mundo o castigo material pelo qual certamente o espera se não se converte a tempo à oração e à penitência. Não! A minha missão é a de lembrar a cada um o perigo iminente de perder as nossas almas para a eternidade, se continuarmos obstinados no pecado"[93].

Nos quarenta anos entre os anos 1960 e 2000, foram publicados alguns prováveis textos da "terceira parte" do Segredo, a partir de dois artigos do quinzanário alemão *Neues Europa* nos quais, entre 15 de outubro e 1º de novembro de 1963, foi confirmado que Paulo VI havia mostrado parcialmente o conteúdo autêntico ao presidente

---

[93]*http://www.srlucia.com/BookPdf/various_documents_the_father_fuentes_interview.pdf.*

estadunidense John Kennedy, ao primeiro ministro britânico Harol Macmillan e ao presidente do Conselho dos Ministros soviético Nikita Kruscev. O objetivo teria sido o de estimular um acordo sobre a proibição dos experimentos nucleares, que foi aprovada com o tratado assinado em Moscou em 5 de agosto de 1963. Por esse motivo foi definido como "versão diplomática", mas a sua confiabilidade fora sempre considerada escassa, até porque se sustentava que Nossa Senhora havia falado disso em 13 de outubro de 1917, logo após o milagre do sol. Aos estudiosos pareceu, ao contrário, pelo tom prolixo e muito extenso, uma reelaboração do "segredo de Melânia", a vidente de 1846 em La Salette.

A título de conhecimento, alguma destas profecias de desventuras: "A maior Grande Guerra Mundial acontecerá na segunda metade do século vinte. Então fogo e fumaça cairão do céu, as águas dos oceanos se transformarão em vapor e a espuma se levantará em direção ao céu; e tudo o que está em pé virá abaixo. Milhões e milhões de pessoas perderão a sua vida de uma hora para outra e aqueles que ficarão em vida terão inveja daqueles que estão mortos. Onde quer que o olhar se volva, haverá aflição, miséria sobre toda a terra e desolação em todas as nações. [...] Não existe mais ordem em nada. Inclusive nos lugares mais altos está Satanás que governa e decide como se deve conduzir os afazeres. Ele saberá também encontrar o caminho para as mais altas posições na Igreja. Conseguirá semear confusão na mente dos grandes cientistas que inventam armas, com as quais se poderá destruir metade da humanidade em poucos minutos. [...] Chegará também o tempo das provações mais difíceis para a Igreja. Cardeais irão se opor a cardeais e bispos a bispos. Satanás irá se pôr no meio deles. Também em Roma haverá grandes mudanças"[94].

---

[94]Surpreendente foi a publicação no *L'Osservatore della Domenica* de 15 de outubro de 1978 de um artigo assinado pelo notável exorcista Corrado Balducci que citava amplamente estas palavras e cujas primeiras linhas eram: "Existe um texto que faz pensar e cuja autenticidade parece aceitável". Em algumas entrevistas, o monsenhor tem também sustentado de ter pessoalmente pedido nos anos 1960 ao cardeal Alfredo Ottaviani, responsável do Santo Ofício, a permissão de publicar o texto de *Neues Europa* e de ter recebido como resposta: "Publique-o então". Resta assinalar que, segundo don Luigi Villa, longo colaborador do cardeal Ottaviani, foi justamente este último a redigir

Mais complexo é o acontecimento relacionado às afirmações atribuídas a João Paulo II durante a sua viagem de 17-18 de novembro de 1980 a Fulda, na Alemanha. O periódico missionário interconfessional *Stimme des Glaubens*, na edição de outubro de 1981, afirmou que o Papa teria desta forma respondido à interrogação sobre por que a "terceira parte" do Segredo não tinha sido publicada: "Dada a gravidade de seu conteúdo e para não desencorajar a força mundial do comunismo a tomar certas iniciativas, os meus predecessores à cátedra de Pietro têm prudentemente preferido adiar a publicação. Além disso, todos os cristãos deveriam se contentar com isso: se existe uma mensagem onde se diz que os oceanos inundarão completamente algumas partes da terra e que de um minuto ao outro milhões de pessoas morrerão... portanto não é somente o caso de a publicação dessa mensagem secreta ser tão fortemente desejada".

O cardeal Joseph Ratzinger, na coletiva de imprensa de 26 de junho de 2000, afirmou: "Segundo as informações, esse encontro é realmente apócrifo, não teve lugar, e o Papa jamais disse essas coisas"[95]. Mas curiosamente, no livro do cardeal Tarcisio Bertone publicado em 2007, lê-se essa mudança com o seu entrevistador, da qual resulta concedida a veracidade daquele episódio: *"Em novembro de 1980 em Fulda, Alemanha, João Paulo II reprovou o excesso de curiosidade sobre o texto revelado de Lúcia. 'Devemos estar prontos para grandes provas próximas, que poderão também solicitar o sacrifício da nossa vida e a nossa doação a Cristo e por Cristo'.*

O cardeal Ratzinger não fez relação necessariamente das palavras do Papa com o conhecimento do "terceiro Segredo". Eles não pressupunham a leitura do texto de Lúcia. [...] Voltando às palavras do Papa Wojtyla, elas correspondiam à valorização geral da situação da Igreja e das dificuldades daquele decisivo momento da história do mundo"[96].

---

o texto que chegou ao periódico alemão.

[95]*https://www.gloria.tv/album/fcJPLg8bTwkN3NhHw44HCck98*, minuto 02:10.

[96]Tarcisio Bertone - Giuseppe De Carli, *L'ultimo segreto di Fatima*, RaiEri - Bur 2010, p. 69.

Portugal e a fé

Depois do clamor internacional que estes eventos haviam suscitado, em 10 de setembro de 1984 o bispo de Leiria-Fátima Alberto Cosme do Amaral, presumivelmente depois de ter consultado irmã Lúcia, fez uma intervenção na aula magna do Politécnico de Viena e declarou que "o segredo de Fátima não fala nem de bombas atômicas, nem de ogivas nucleares e nem de mísseis Pershing ou SS-20. O seu conteúdo considera somente a nossa fé. Fazer coincidir o Segredo com anúncios catastróficos ou com um holocausto nuclear é deformar o significado da mensagem. A perda da fé de um continente é pior do que a destruição de uma nação; e é verdade que a fé está diminuindo cada vez mais na Europa".

O mesmo padre Alonso, que como arquivista oficial de Fátima pôde encontrar mais vezes irmã Lúcia e teve acesso à totalidade da documentação sobre as aparições, com as ideias expressas claramente a respeito, especialmente no livro *La verdad sobre el Secreto de Fátima* (publicado em 1976). Além disso, afirmou: "No período o qual antecede o grande triunfo do Coração Imaculado de Maria, deverão acontecer coisas terríveis. Estas constituem o conteúdo da terceira parte do Segredo. Quais são? Se 'em Portugal se conservará sempre o dogma da fé', pode-se claramente deduzir que em outras partes da Igreja estes dogmas estão por se tornar obscuros ou mesmo perdidos do todo. [...] Portanto é muito provável que, nesse período intermediário que está em questão (depois de 1960 e antes do triunfo do Coração Imaculado de Maria), o texto faça referências concretas à crise da fé da Igreja e à negligência dos mesmos pastores. [...] Uma conclusão parece de fato fora de discussão: o conteúdo da parte inédita do Segredo não se refere às novas guerras ou às manobras políticas, mas aos eventos de caráter religioso e intraeclesial, que por sua natureza são ainda mais graves"[97].

---

[97]Joaquin María Alonso, *La verdad sobre el Secreto de Fátima*, Centro Mariano 1976, p. 80-81.

Tema ao qual sugeriram também duas autoridades relevantes da Santa Sé. O cardeal Alfredo Ottaviani, na conferência de 11 de fevereiro de 1967 à Pontifícia Academia Mariana no *Il terzo Segreto di Fatima* (o terceiro Segredo de Fátima), afirmou: "Posso-vos dizer somente isto: que virão tempos muito difíceis para a Igreja e que tem necessidade de muitas orações para que a apostasia não seja tão grande"[98]; e o cardeal Mario Luigi Ciappi, teólogo pessoal dos Pontífices desde maio de 1955 à outubro de 1989, confidenciou em uma carta ao professor Baumgartner de Salisburgo que "no terceiro Segredo vem previamente dito, entre outras coisas, que a grande apostasia na Igreja se iniciará em seus vértices"[99].

O irmão Michel de la Sainte Trinité, um dos mais citados, autor da imponente trilogia *Tutta la verità su Fatima* (Toda a verdade sobre Fátima), propôs uma reconstrução do Segredo na íntegra: "Enquanto em Portugal o dogma da fé será sempre conservado, em muitas nações, talvez quase no mundo inteiro, a fé se perderá. Os pastores da Igreja estarão gravemente em falta com os deveres de seu ministério. Por sua culpa, as almas consagradas e um grande número de fiéis se deixará seduzir por erros nocivos espalhados por toda a parte. Este será o tempo da batalha decisiva entre a Virgem e o diabo. Uma onda de desorientação diabólica se propagará pelo mundo. Satanás se introduzirá até o mais alto vértice da Igreja; cegará as mentes e endurecerá o coração dos Pastores; porque Deus os abandonará a si mesmos como castigo pela sua rejeição de obedecer às solicitações do Coração Imaculado de Maria. Esta será a grande apostasia previamente dita para os últimos tempos, o 'falso Cordeiro' e o 'falso Profeta' irão trair a Igreja em vantagem à 'Besta', segundo a profecia do Apocalipse"[100].

Sobre tal temática, um debate se desencadeou em meados dos anos 1980 sobre algumas mudanças que se notaram entre a antecipação

---

[98]Marco Tosatti, *La profezia di Fatima*, Piemme 2007, p. 87.
[99]Gerard Mura, *The third Secret of Fatima: has it been completely revealed?*, in "Catholic", março 2002, citado em Paul Kramer, *La battaglia finale del diavolo*, Good Counsel Publications 2010, p. 51.
[100]Michel de la Sainte Trinité, *The whole truth about Fatima*, Volume III - Conclusão.

jornalística e a publicação em volume da entrevista do cardeal Joseph Ratzinger, na época prefeito da Congregação para a Doutrina da Fé, com Vittorio Messori. Na antecipação do periódico mensal *Jesus*, o cardeal respondia assim à pergunta sobre a falta de divulgação do terceiro Segredo: "Porque, estando ao juízo dos Pontífices, não alcança nada de diferente do que um cristão deveria saber da Revelação: um chamado radical à conversão, a absoluta seriedade da história, os perigos que pendem sobre a fé e a vida do cristão, e portanto do mundo. E depois, a importância dos Novíssimos. Se não se publica – ao menos para o momento – é para evitar confundir a profecia religiosa com o sensacionalismo. Mas os conteúdos daquele 'terceiro Segredo' correspondem à anunciação da Escritura e são reiterados por muitas outras aparições marianas, a começar mesmo por aquela de Fátima, nos seus conteúdos notáveis. Conversão, penitência, são condições essenciais para a salvação"[101].

No texto definitivo, ao contrário, lia-se: "Se até agora não se tomou esta decisão, não é porque os Papas querem esconder algo de terrível. Se fosse isso, sim, não seria nada mais do que a confirmação da parte já conhecida da mensagem de Fátima. Naquele lugar foi lançado um aviso severo, que vai contra a frivolidade prevalecente, um chamado à seriedade da vida e da história, aos perigos que pendem sobre a humanidade. É o que Jesus mesmo lembra frequentemente, não temendo dizer: 'Mas se não vos converterdes, perecereis todos igualmente.' (Lucas 13,3). A conversão – e Fátima lembra plenamente – é uma exigência perene da vida cristã. Deveríamos já saber de toda a Escritura. O Santo Padre acredita que não acrescentaria nada ao que cada Cristão deveria saber a respeito da Revelação e, também, das aparições marianas aprovadas pela Igreja nos seus notáveis conteúdos, que não são nada mais que uma reconfirmação da urgência de penitência, conversão, perdão, jejum. Publicar o 'terceiro Segredo' significaria também expor-se ao perigo de utilizações sensacionalistas do conteúdo"[102].

---

[101]Joseph Ratzinger - Vittorio Messori, *"Perché occorre tornare a Maria"*, in "Jesus" novembro de 1984.
[102]Joseph Ratzinger - Vittorio Messori, *Rapporto sulla fede*, San Paolo 1985, p. 110-111.

A esse respeito, Messori interveio porém em 2006 para dar um corte à polêmica, assumindo a responsabilidade das modificações: "Desde há muitos anos, inúmeras publicações, em muitas línguas, dedicam-se à exegese das palavras acerca de Fátima pronunciadas em 1984 por Joseph Ratzinger. [...] Aproveito a ocasião para pôr em consideração de análises similares, que não são justificadas pela gênese daquelas entrevistas. *Rapporto sulla fede* (Relacionamento com a fé) nasceu de mais de vinte horas de gravação. Foi a mim dirigida, depois, toda a liberdade redacional; com somente, lógico compromisso, de submeter ao cardeal o manuscrito que o teria obtido de uma longa entrevista. O texto foi aprovado quase sem retoques, desta forma como foram aprovadas pelo mesmo interessado as premissas sobre Jesus. O prefeito da Fé quis apresentar pessoalmente o livro em uma tumultuosa conferência de imprensa e quis, por bondade sua, agradecer-me publicamente pela 'fidelidade' com a qual me referi ao seu pensamento. Uma 'fidelidade', porém, que não me havia impedido de manejar intensamente o volumoso material, dando-lhe forma em um esquema, também com acréscimos e retoques provenientes de publicações e documentos anteriores do cardeal. Uma edição em profundidade, portanto, cujo resultado, além disso, satisfaz o meu interlocutor, que naquelas páginas disse sempre, de reconhecer-se em cada sede"[103].

Uma outra temática, sublinhada com força por João Paulo II, foi a da crise da família. Na mensagem pela Jornada Mundial do Enfermo de 1997, Papa Wojtyla afirmou que "a Senhora da Mensagem parece ler com uma singular perspicácia os sinais dos tempos, os sinais do nosso tempo. [...] O convite insistente de Maria Santíssima à penitência não é mais do que a manifestação da sua solicitude materna para os destinos da família humana, carente de conversão e de perdão"[104]. Mas ainda mais, é a simples família que se revela como centro das preocupações da Virgem, como documentou o

---

[103]Vittorio Messori, *Fatima, c'è un quarto segreto da rivelare*, in "Il Corriere della Sera" 21 de novembro de 2006.
[104]Giovanni Paolo II, *Insegnamenti - vol. XIX/2*, p. 561.

cardeal Caffarra, citando uma carta que recebeu da irmã Lúcia no início do ano de 1981, quando foi nomeado presidente do Pontifício instituto "João Paulo II para estudos do matrimônio e família": "No início deste trabalho, escrevi à irmã Lúcia. Inexplicavelmente, mesmo que não esperasse uma resposta minha, porque eu pedia somente orações, chegou-me depois de pouco dias uma longa carta autografada na qual vem escrito: 'O choque final entre o Senhor e o reino do Satanás será sobre a família e sobre o matrimônio. Não tenha medo, porque todo aquele que trabalha pela santidade do matrimônio e da família será sempre afrontado e advertido em todos os modos, porque este é o ponto decisivo'. E depois concluía: 'Mas Nossa Senhora já lhe quebrou a cabeça'"[105]. Por isso não é supérfluo lembrar justamente aqui que o atentado contra o Papa Wojtyla aconteceu exatamente no dia em que foi constituído o Pontifício Conselho para a Família.

Enfim uma ideia intrigante foi lançada pelo escritor Antonio Socci, o qual, partindo do pressuposto de existência de uma parte inédita do Segredo (por ele relançada no livro com o título jornalístico *Il quarto segreto di Fatima*, supôs que "com morte de Lúcia o Papa se sentiu no dever de manter fé no compromisso assumido com a vidente que aquele 13 de maio de 2000, diante das câmeras de todo o mundo, entregou-lhe uma carta cujo conteúdo é ainda misterioso (como muitos das suas escrituras e memórias mantidas em segredo). Mas como publicar aquela terceira parte do Segredo que deixou terrificados todos os Papas que a leram? Este era o problema. A partir de informações reservadas sob nosso poder, confirmadas por três altas fontes vaticanas, revelou-se informações que o Papa Wojtyla e o cardeal Ratzinger decidiram manter a fé no compromisso revelando aquele conteúdo de uma forma leve, isto é nos conteúdos essenciais, mas sem declarar a fonte. A ocasião escolhida foi a *Via Crucis* de Sexta-feira Santa que em 2005 caía em 25 de março. De fato foi uma *Via Crucis* muito insólita, não somente porque, estranhamente, a escrever o texto

---

[105]Maria Pia Picciafuoco, *Il cardinale racconta: suor Lucia mi scrisse...*, in *La voce di padre Pio*, março de 2008, p. 74.

foi o cardeal Ratzinger, mas também porque marcou a passagem de entregas entre Papa Wojtyla (que teria morrido uma semana depois) e o mesmo prelado. Com certeza aquele dramático texto foi escrito ou revisto a quatro mãos, um tipo de vontade comum dos dois pastores".

Prossegue o ensaísta: "As passagens que mais impressionaram foram justamente aquelas onde estava fechado o 'quarto segredo'. A partir da primeira estação existe uma referência penitencial à infidelidade de Pedro: 'Quantas vezes, também nós, preferimos o sucesso à verdade, a nossa reputação à justiça. Doa força, na nossa vida, à voz sutil da consciência, à tua voz. Olha-me como olhaste Pedro depois de ser renegado'. Portanto, vem 'a história mais recente' reconhecer 'como a cristandade, que está cansada da fé, abandonou o Senhor'. Denuncia 'o poder das ideologias, tecida por mentiras' que 'têm construído um novo paganismo' e, para eliminar Deus, eliminaram o homem. Mas, acrescentam os dois autores, 'não devemos pensar também o quanto Cristo deva sofrer na sua mesma Igreja? Quantas vezes se abusa do santo sacramento da sua presença, em qual canto e maldade do coração frequentemente ele entra! Quantas vezes celebramos somente nós mesmos sem nem se dar conta dele! Quantas vezes a sua Palavra é distorcida e abusada! Quanta pouca fé existe em tantas teorias, quantas palavras vazias! Quanta sujeira existe na Igreja, e justamente também entre aqueles que, no sacerdócio, deveriam pertencer completamente a ele!... A traição dos discípulos, a recepção indigna do seu Corpo e do seu Sangue, é certamente a maior dor do Redentor'. E ainda: 'Senhor, muitas vezes a tua Igreja parece um barco que está afundando, um barco que vaza por todos os lados... Com a nossa queda te arrastamos à terra e Satanás ri, porque não espera que conseguirás mais te levantar. Tu porém te levantas.' Como se deduz também destas palavras, algo grave de existir, na mensagem de Fátima, que se refere à liturgia e à crise do clero"[106].

---

[106]Antonio Socci - Solideo Paolini, *I due Papi e il ritorno della Messa in latino*, in "Libero" 1° de julho de 2007.

3
Os sacrifícios e as orações

No verão de 1916, quando aconteceu a segunda aparição do anjo, os três pastores questionavam-se explicitamente: "Oferecei constantemente ao Altíssimo orações e sacrifícios". Palavras difíceis de compreender para crianças que não tinham nem dez anos de idade, ao ponto de Lúcia sentir-se forçada a perguntar como poderiam então fazer. E a explicação foi imediata: "De tudo o que pudeis, oferecei um sacrifício a Deus, em ato de reparação pelos pecados com os quais Ele é ofendido, e como súplica pela conversão dos pecadores. [...] Sobretudo, aceitar e suportar com submissão os sofrimentos que o Senhor vos mandará".

Em 13 de maio de 1917, foi Nossa Senhora a lhes dirigir um convite mais intenso: "Quereis oferecer-vos a Deus para suportar todos os sofrimentos que Ele vos quiser mandar, em ato de reparação pelos pecados com os quais Ele é ofendido, e de súplica pela conversão dos pecadores?". Diante da resposta positiva deles, replicou: "Então, devereis sofrer muito, mas a graça de Deus será o vosso conforto". A partir do dia seguinte, foi Francisco a sugerir o primeiro sacrifício, como detalhou em seguida Lúcia: "'Dêmos a nossa merenda às ovelhas, e façamos o sacrifício de não comer!'. Em poucos minutos, toda a nossa comida foi distribuída ao rebanho. E, assim, passamos um dia em jejum, como nem o mais rigoroso dos cartuxos teria feito".

Em especial, das *Memórias* de irmã Lúcia, enriquecidas mais recentemente com a biografia da vidente *Um caminho sob o olhar de*

Maria, composta pelo Carmelo, de Coimbra, emerge a longa história de tudo o que as crianças conseguiram imaginar no período seguinte, porque levaram realmente a sério aqueles pedidos de sacrifícios e não se descuidaram, em nenhuma ocasião, de modo a repeti-los ou adotar outros. Em particular era a abstenção da comida e das bebidas uma das modalidades mais utilizadas, quando levavam as ovelhas ao pasto.

A poucas centenas de metros do lugar das aparições havia a localidade de Moita, onde viviam famílias muito pobres, para onde mandavam os filhos a mendigar de porta em porta aos seus arredores. Os pastores sempre encontravam alguém e Jacinta sugeriu prontamente: "Dêmos a nossa merenda àqueles pobres, pela conversão dos pecadores?" Durante todo o dia, os três não comeram nada e ao anoitecer obviamente sentiam fome. Francisco pensou em subir na azinheira para colher um pouco de bolotas que, mesmo ainda verdes e pouco maduras, estavam de qualquer modo mais doces do que as bolotas de carvalho (de fato, na tradição camponesa local, utilizavam-nas para produzir a farinha para a preparação de pães e doces). Jacinta porém propôs uma outra solução: colher justamente as glandes de carvalho, para fazer o sacrifício de comer aquele alimento amargo. Irmã Lúcia faz um comentário um tanto irônico: "Assim saboreamos, naquele entardecer, aquela deliciosa e simples comida! E Jacinta fez um dos seus sacrifícios habituais. Disse-lhes um dia: 'Não comam aquela coisa, que é tão amarga!'. 'Justamente porque é amarga eu a como, para converter os pecadores'".

Doar as suas merendas àquelas crianças de Moita tornou-se um costume também porque, uma vez que aquelas se deram conta da repetitividade daquele gesto amoroso, pegaram o hábito de receber os videntes ao longo do seu costumeiro caminho. Era sempre Jacinta a correr ao encontro deles para entregar a generosa esmola e, no restante da jornada, contentava-se de comer qualquer coisa desde que fosse minimamente comestível, satisfazendo-se com as quantidades que conseguia raspar, e convenceu inteiramente os outros dois a fazer isso: "Naqueles dias, a nossa comida era pinhão, raízes de campânula (uma florzinha amarela, cuja raiz se compõe de uma bolinha, grande como uma azeitona), amoras, fungos, e certas coisas que colhíamos à raiz dos pinhos, que não me lembro como se chamavam; ou fruta, se tivesse em alguma propriedade dos nossos pais ali perto".

Mas quando ofereciam comidas gostosas especialmente a eles, retraíam-se para comê-las. Lúcia sempre e várias vezes contou isso: "A mãe de Jacinta tinha ali perto um vinhedo. Colheu alguns cachos e lhes levou, para que comessem. Mas Jacinta não se esquecia jamais dos pecadores. 'Não os comamos', dizia; 'ofereçamos este sacrifício pelos pecadores'. Em seguida, correu para levar a uva às outras crianças que brincavam na estrada. Ao voltar, estava radiante de felicidade. Havia encontrado os nossos velhos pobres e tinha oferecido a eles. Uma outra vez minha tia foi nos chamar para comermos figos trazidos para casa e que realmente nos dava água na boca. Jacinta sentou-se conosco satisfeita, perto do cesto. Agarrou o primeiro figo para comê-lo, mas de repente lembrou: 'É verdade! Hoje não fizemos ainda nenhum sacrifício pelos pecadores! Devemos fazer isso'. Jogou o figo no cesto, fez a oferta e os deixamos lá".

Durante o verão de 1917, que foi tórrido, os pastores foram mandados ao pasto com o rebanho em um campo que era muito rico de grama, mas muito longe de Aljustrel. A mãe Maria Rosa fornecia sempre às crianças água e comida suficiente, porém a generosidade de sempre não permitia que tivessem algo consigo, quando a fome e a sede lhes começavam a afligir. As ovelhas bebiam água em um lago aos arredores, mas inadequado para as crianças. O sol era ardente e, apesar de os três ficarem à sombra das árvores, o calor intenso os atormentava.

Certa vez, era já metade do dia, já não aguentavam mais e Lúcia pensou então em pedir algo a uma senhora que morava na vizinhança: "Ao apoiar o jarro de água, deu-me também um toco de pão, que aceitei com reconhecimento, e corri para dividi-lo com os meus amigos. Dei a jarra a Francisco, e pedi que bebesse: 'Não quero beber', respondeu. 'Por quê?' 'Quero sofrer pela conversão dos pecadores'. 'Bebe tu, Jacinta'. 'Eu também quero oferecer um sacrifício pelos pecadores'". A conclusão de Lúcia foi espontânea: virou a água no vão de uma rocha, para ao menos dar às ovelhas, e foi devolver a jarra à senhora.

O calor, porém só aumentava, enquanto o estrilar dos grilos e o coaxar das rãs tornavam-se cada vez mais insuportáveis. A certo ponto, Jacinta, esgotada de tanta sede, dirigiu-se a Lúcia implorando: "Diga aos grilos e às rãs que fiquem quietos! Dói a minha cabeça!" Francisco interveio com a mesma ingenuidade: "Tu não queres isso pelos pecadores?" E a pequena, espremendo a cabeça entre as mãozinhas, replicou candidamente: "Sim, quero, deixe-os cantar".

Em uma outra circunstância, Jacinta não aguentava mais de tanta sede, quando passaram ao lado daquele lago. "Escuta, tenho tanta sede e me dói tanto a cabeça. Beberei um pouquinho dessa água", disse a Lúcia, que logo lhe respondeu: "Desta não. A minha mãe não quer que bebamos aqui porque faz mal". De fato, além de os animais beberem e banharem-se, muitas pessoas lavavam ali as roupas sujas. A sugestão de Lúcia foi portanto: "Vamos pedir um pouquinho a Maria dos Anjos (N.A.: uma jovem esposa que vivia pouco longe)". Mas Jacinta não se rendeu: "Não, água boa não quero. Eu bebo desta, porque, ao invés de oferecer a sede ao Senhor, ofereço-lhe o sacrifício de beber esta água suja".

Francisco também se envolvia sempre nessas ofertas: "Um dia passavam diante da casa da minha madrinha de batismo. Tinha apenas acabado de produzir o hidromel e chamou-nos para nos oferecer um copo. Entramos, e Francisco foi o primeiro a quem ela deu para beber. Pegou-o e sem beber passou-o a Jacinta, para que bebesse primeiro comigo, e neste momento virou-se e desapareceu. 'Onde está Francisco?', perguntou a madrinha. 'Não sei. Estava aqui agora mesmo!' Não se deixou ver. Jacinta e eu, agradecendo a doação, fomos até ele. 'Francisco! Tu não bebeste o hidromel! A madrinha te chamou muitas vezes, mas tu não apareceste!' 'Quando peguei o copo, lembrei-me de repente de fazer o sacrifício para consolar o Senhor, e enquanto vocês bebiam, eu escapei'".

A pequena oração que Nossa Senhora havia sugerido para acompanhar os seus sacrifícios, "Ó Jesus, é por amor vosso, pela conversão dos pecadores e em reparação dos pecados cometidos contra o Coração Imaculado de Maria", torna-se um hábito para os três pastores, tanto que "cada vez que se decidia fazer algum sacrifício, ou tivesse alguma prova para suportar, Jacinta perguntava: 'Já disseste a Jesus que é por Seu amor?' Se lhe dissesse que não: 'Então digo eu'. Juntava as mãozinhas, levantava os olhos ao Céu e dizia: 'Ó Jesus! É por vosso amor e pela conversão dos pecadores'".

Continuaram a repetir aquela oferta principalmente durante o tempo que passaram na prisão de Vila Nova de Ourém, entre 13 e 15 de agosto de 1917. A descrição daquelas duras jornadas emerge viva na descrição de Lúcia: "A Jacinta o que lhe custava mais era a distância dos pais. E dizia com as lágrimas que lhe desciam pelas bochechas: 'Nem os teus nem os meus pais vieram nos ver! Eles não se importam nada conosco!' 'Não chores – disse-lhe Francisco – ofereçamos tudo a Jesus pelos pecadores'. E, levantando os olhos e as mãozinhas ao Céu, ele fez a oferta: 'Ó meu Jesus! É por vosso amor e pela conversão dos pecadores'. Jacinta acrescentou: 'E também pelo Santo Padre e em reparação dos pecados cometidos contra o Coração Imaculado de Maria'".

A dramaticidade do momento tornou-se ainda mais forte quando os carcereiros os ameaçaram afirmando que os fritariam no óleo fervendo: "Jacinta afastou-se de nós em direção à janela que se abria para o mercado de animais. Pensei, a princípio, que estivesse se distraindo com o que via, mas logo percebi que estava chorando. Fui pegá-la e perguntei-lhe por que estava chorando: 'Porque morreremos sem rever os nossos pais e nossas mães!' 'Mas então não queres oferecer este sacrifício pela conversão dos pecadores?' 'Quero, quero'. As lágrimas molhavam-lhe a face, e com as mãos e os olhos levantados ao Céu, fez a sua oferta".

Recitado o Rosário, cujos prisioneiros tomaram também para si, "Jacinta voltou à janela para chorar. 'Não queres então oferecer este sacrifício ao Senhor?', perguntei-lhe. 'Quero, sim; mas me lembro de minha mãe e não posso segurar o choro'. Então, já que a Virgem Santíssima nos havia dito para oferecer orações e sacrifícios também em reparação dos pecados cometidos contra o Coração Imaculado de Maria, decidimos oferecer cada um deles segundo uma intenção particular. Um pelos pecadores, o outro pelo Santo Padre, o outro em reparação dos pecados contra o Coração Imaculado de Maria. Tomada a decisão, eu disse a Jacinta para escolher a sua intenção: 'Eu ofereço por todos, porque eu gosto muito de todos'".

A corda dividida em três

Nas suas *Memórias*, Lúcia foi sempre muito atenta ao destacar os sacrifícios idealizados pelos primos, escondendo-se atrás deles. Mas, na realidade, frequentemente era ela mesma a propor uma nova penitência, como aquela relacionada à corda: "Íamos com as nossas ovelhas em um caminho no qual encontramos um pedaço de corda de uma carroça. Recolhi-a e, brincando, amarrei-a a um braço. Não tardou para perceber que a corda me fazia mal. Disse então aos meus primos: 'Olhem. Esta faz mal! Poderemos amarrá-la à vida e oferecer a Deus este sacrifício'". Os dois acolheram prontamente essa ideia e, usando a borda de uma pedra, conseguiram dividi-la em três pedaços. Lúcia prossegue: "Fosse pela grossura e aspereza da corda, ou porque às vezes a apertava muito, este objeto a fazia sofrer terrivelmente. Jacinta algumas vezes deixava cair algumas lágrimas por causa da dor que a corda lhe causava; e quando eu lhe sugeria que a removesse, respondia: 'Não! Quero este sacrifício ao Senhor, em reparação e pela conversão dos pecadores'".

Por uns vinte dias carregaram-na constantemente, até quando, na aparição de 13 de setembro, Nossa Senhora com doçura disse: "Deus está contente pelos vossos sacrifícios, mas não quer que durmais com a corda, levai-a somente durante o dia". Nenhum dos parentes percebeu esse sacrifício e, em seguida, Lúcia contou com mágoa, quando deixou definitivamente Fátima em junho de 1921, ter queimado os pedaços de corda que havia recebido de Francisco, pouco antes de morrer, e de Jacinta logo antes de ir para o hospital de Lisboa. Cuidou sempre da corda e continuou a usá-la por um longo tempo, com a autorização do confessor ou do pai espiritual. As irmãs de Coimbra revelaram que, depois de sua morte, foram descobertos outros de seus instrumentos de penitência, dentre os quais uma corda daquelas que se usavam para amarrar os animais, de um metro e dezesseis centímetros de comprimento, com um centímetro de largura e composta por cinco nós. Atualmente esta corda é visível no Memorial de irmã Lúcia, um espaço de exposição adjacente ao Carmelo onde se encontram também outros objetos utilizados pela vidente.

Mesmo quando se distraíam por algum momento a brincar, as crianças ficavam com o pensamento fixo na penitência. Um dos seus passatempos era raspar dos muros uma plantinha selvagem que, espremida, produzia uma pequena explosão. Acidentalmente, Jacinta coletou também plantas de urtiga, que lhe provocaram a coceira nas mãos. Sentindo dor, não deixou cair aquelas folhas, ou melhor, apertou ainda mais e depois disse: "Olhem, olhem uma outra coisa com a qual podemos nos martirizar!" E a partir desse dia, os três passaram a ter o mesmo hábito de bater nas pernas com os caules de urtigas, para oferecer a Deus mais um sacrifício.

Nos primeiríssimos tempos das aparições, um acontecimento jamais esclarecido completamente teve como protagonista, o pároco de Fátima, dom Manuel Marques Ferreira, que em junho de 1919 deixou repentinamente a paróquia e teve de, em seguida, ser substituído. Mesmo que provavelmente o motivo estivesse ligado a um contraste com alguns paroquianos em relação aos trabalhos de edificação da igreja, espalhou-se o boato de que a culpa tivesse sido de Lúcia. Sendo um sacerdote zeloso e bem visto pelas pessoas, muitos fiéis manifestaram explicitamente o seu descontentamento. Contou Lúcia, com uma ponta de involuntário humor: "Certas mulheres impiedosas, quando me encontravam, desabafavam a sua insatisfação insultando-me e, certas vezes, mandavam-me embora a tapas ou chutes. Jacinta e Francisco poucas vezes participavam dessas carícias que o Céu nos mandava, porque os seus pais não permitiam que alguém os tocasse. Mas sofriam ao me ver sofrer e não poucas vezes as lágrimas inundavam as suas faces, vendo-me com dor e martirizada. Um dia, Jacinta me disse: 'Ó, se os meus pais fossem como os teus, e esta gente pudesse bater também em mim! Teria mais sacrifícios para oferecer ao Senhor!'".

Jacinta possuía uma predisposição natural que era a dança, tanto que bastava alguém tocar qualquer instrumento para pôr-se logo a dançar, mesmo sozinha. Por exemplo, Lúcia contou que "um dia chorava por um seu irmão que estava na guerra e que pensavam que tivesse morrido em batalha. Para distraí-la, começou uma dança junto a dois de seus irmãos. A pobre menina dançava e enxugava as lágrimas que lhe escorriam pelas bochechas!" Quando se aproximou o Carnaval de 1918, a menina confidenciou à prima: "'Eu, de hoje em diante, não danço mais'. 'E por quê?' 'Porque quero oferecer este sacrifício ao Senhor'. E, já que éramos nós que organizávamos a festa entre as crianças, terminaram as danças que se faziam somente naquelas ocasiões".

Jacinta assustou-se especialmente com a visão do inferno e as palavras da Virgem sobre as almas que se acabam em grande quantidade: "Fazei sacrifícios pelos pecadores, porque muitas almas vão ao inferno, porque não há quem se sacrifique e interceda por eles". Um dia perguntou à prima o que seria o inferno e a resposta de Lúcia, talvez citando o que lhe houvesse dito a mãe, foi: "É um poço cheio de vermes e um grande incêndio, e ali caem aqueles que cometem pecados sem os confessar, e ficam para sempre a queimar". "E não saem mais, nem depois de muitos e muitos anos?", replicou Jacinta. "Não. O inferno jamais se acaba. E nem o Céu se acaba. Qualquer pessoa que vai ao Céu não sai mais, assim como quem vai ao inferno não sai mais. Não entendes que são eternos porque não se acabam nunca?"

O pensamento de que alguma alma pudesse ser condenada eternamente continuou sempre presente em Jacinta, que viveu na dimensão do sacrifício, em especial todo o tempo da doença que a conduziu à morte. A Lúcia confidenciou: "Nossa Senhora veio nos ver, diz que logo virá pegar Francisco para levá-lo ao Céu. E a mim perguntou se eu queria converter ainda outros pecadores. Respondi-lhe que sim. Disse-me que irei a um hospital e lá sofrerei muito. Que sofresse pela conversão dos pecadores, em reparação dos pecados contra o Coração Imaculado de Maria, e por amor de Jesus". Quando o irmãozinho estava já no fim de sua vida, deu-lhe algumas recomendações: "Leva muitos cumprimentos ao Senhor e a Nossa Senhora, dize-lhes que sofrerei tudo o que quiserem, para converter os pecadores e reparar o Coração Imaculado de Maria". E à prima que lhe dizia: "A ti falta pouco para ir ao Céu. Mas eu...!', replicou: "Pobrezinha! Não chores. Lá em cima pedirei muito muito por ti. Quanto a ti, é Nossa Senhora que quer assim! Se quisesse a mim, eu estaria contente, para sofrer mais pelos pecadores".

Nos tempos em que se encontrava em casa doente, a penitência de Jacinta era o oposto dos anos anteriores, porque não conseguia ingerir nada por causa da náusea: "Um dia a mãe levou uma xícara de leite. 'Não quero, mãe', respondeu, afastando a xícara com a mãozinha. A mãe insistiu um pouco, mas depois se retirou dizendo: 'Não sei como convencê-la a tomar algo'. Assim que ficamos sozinhas, perguntei-lhe: 'Por que desobedeces assim à tua mãe, e não ofereces este sacrifício ao Senhor?' A estas palavras, deixou cair algumas lágrimas, que eu tive a felicidade de enxugar, e disse: 'Desta vez não me lembrei!' Chama a mãe, pede-lhe perdão e dize-lhe que tomará o quanto ela quiser. A mãe traz a xícara de leite. Ela o bebe sem mostrar a mínima repugnância, depois me diz: 'Se soubesse quanto me custou tomá-lo!' Uma outra vez me disse: 'Custa-me sempre mais tomar o leite e os caldinhos, mas não digo nada. Bebo tudo por amor ao Senhor e ao Coração Imaculado de Maria, nossa Mãezinha do Céu'".

Sua mãe sabia o quanto rejeitava o leite e um dia, para ajudá-la a mandá-lo para baixo, ao lado da xícara levou-lhe um lindo cacho de uva, dizendo-lhe: "Se não conseguires beber o leite, deixa-o e come a uva". A pequena respondeu: "Não, mãe, não quero a uva, leva-a embora, dá-me mais leite, que o tomo". Lúcia foi testemunha ocular do ponto a que chegou a capacidade de sacrifício da menina: "Sem mostrar a mínima repugnância pegou-o. Minha tia se retirou contente, pensando que a náusea da filhinha estivesse desaparecendo. Em seguida, Jacinta virou-se em minha direção e disse: 'Havia tanta vontade daquela uva e me custou tanto a beber o leite! Mas eu quis oferecer a Deus este sacrifício.

As suas condições de saúde agravavam-se rapidamente: "Sinto uma dor tão aguda no peito! Mas não digo nada à mãe; quero sofrer pelo Senhor, em reparação dos pecados cometidos contra o Coração Imaculado de Maria, pelo Santo Padre e pela conversão dos pecadores", dizia a Lúcia. Dos diálogos entre eles, as *Memórias* de Lúcia oferecem amplas e comoventes cenas: "Em uma manhã, perguntou-me: 'Quantos sacrifícios ofereceste nesta noite ao Senhor?' 'Três: levantei-me três vezes para dizer as orações do anjo'. 'Eu lhe ofereci muitos, muitos; não sei quantos seriam, porque senti muitas dores e não me lamentei'. Um outro dia eu a encontrei chateada e perguntei-lhe se estava se sentindo pior: 'Nesta noite tive muitas dores, e quis oferecer ao Senhor o sacrifício de não retornar à cama; por isso de fato não dormi'".

Em uma outra ocasião, Jacinta lhe confidenciou: "Quando estou sozinha, desço da cama para recitar as orações do anjo. Mas agora não consigo mais apoiar a cabeça no chão, porque caio; rezo de joelhos". Lúcia sentiu-se então com o dever de falar com o pároco sobre essa situação de Jacinta, e o sacerdote lhe ordenou a dizer-lhe que não descesse mais da cama para rezar e que na cama recitasse somente o que pudesse, sem se cansar: "Na primeira ocasião, transmitiu-lhe a mensagem e ela perguntou: 'E o Senhor estará contente?' 'Sim – respondeu-lhe – o Senhor quer que façamos o que o pároco nos diz'. 'Então, está bem, não me levantarei nunca mais'".

Os últimos encontros entre as primas foram desoladores e representaram para ambas uma posterior ocasião para oferecer a Deus o seu sacrifício: "A virgem me disse que irei a Lisboa, em um outro hospital, e que não verei mais nem tu, nem os meus pais. Que, depois de ter sofrido muito, morrerei sozinha. Mas que não tivesse medo; pois virá ela lá a buscar-me para levar ao Céu", foi a confissão de Jacinta. E, quando chegou o dia da partida, o diálogo foi levíssimo: "'Não te devo ver mais? E nem a minha mãe, nem os meus irmãos, nem meu papai? Não devo rever mais ninguém? E depois morro sozinha!' 'Não penses nisso'. 'Deixa que eu pense, porque quanto mais penso, mais sofro; e eu quero oferecer por amor do Senhor e pelos pecadores. E também não me importa mais nada! Nossa Senhora virá me buscar para me levar ao Céu'".

O Coração e os espinhos

Em Lúcia, a única dos três pastores que permaneceu em vida, o desejo da oração, da penitência e dos sacrifícios se intensificou ainda mais depois de entrar na vida consagrada, mesmo as notícias relativas a este período sendo fragmentadas: certamente muito mais se conhecerá quando for concluída a fase diocesana do processo de canonização, com a elaboração da documentação para a averiguação de heroísmo das suas virtudes cristãs. Dentre as poucas histórias que chegaram, há aquela relativa ao período das Doroteias, quando, enquanto se encontrava ao longo de uma estrada campestre com uma freira, colheu alguns caules de giesta, com espinhos longos e robustos, que pôs no próprio leito para dormir sobre eles. Além disso, espalhou uma camada de açúcar, que de manhã tinha se derretido e penetrado nas feridas, causando-lhe uma febre muito alta. Teve que revelar tudo ao confessor e à madre superiora, pedindo perdão pela penitência feita sem permissão.

Em Tuy, ela se esforçou em todos os modos, também nos afazeres mais desagradáveis, com o espírito de sacrifício. Uma vez a fossa biológica do convento se obstruiu e as lamas vazaram. Ela se ofereceu para colaborar ao expurgo, junto a duas freiras. A certo ponto, uma dessas, desconfortável com a repugnante tarefa, não aguentou e desabafou: "Este trabalho é tão imundo que até Deus se distanciou daqui!" Mas a vidente respondeu-lhe com doçura: "Ó, irmã, não digas assim, porque Deus está em todo lugar!" E logo depois teve a confirmação, encontrou presa entre os dentes do ancinho uma coroa do Rosário apodrecida, da qual tirou um pequeno crucifixo (que, depois de tê-lo desinfetado, conservou com cuidado): "Olha, Deus está mesmo aqui".

Pouco antes de morrer, Jacinta lhe havia lembrado: "Tu permanecerás aqui para dizer que Deus quer estabelecer no mundo a devoção ao Coração Imaculado de Maria. Quando chegar o momento de dizê-lo, não te escondas. Diz a todos que Deus nos concede as graças por meio do Coração Imaculado de Maria. Que perguntamos a ela, por que o Coração de Jesus quer que ao seu lado se venere o Coração Imaculado de Maria. Que pedimos a paz ao Coração Imaculado de Maria; porque Deus confiou a ela. Se eu pudesse pôr no coração de todos o fogo que me queima aqui dentro do peito e que me faz amar tanto o coração de Jesus e o Coração de Maria...!"

Em 10 de dezembro de 1925, enquanto se encontrava em Pontevedra, apareceu à Lúcia a Santíssima Virgem e, ao seu lado, suspenso em uma nuvem luminosa, um Menino. A Santíssima Virgem, colocando-lhe a mão sobre os ombros, mostrou-lhes do mesmo modo um coração coroado de espinhos que segurava na outra mão. Ao mesmo tempo, o menino disse: 'Tenha compaixão do Coração Imaculado da tua Santíssima Mãe recoberto de espinhos que os homens ingratos em todos os momentos perfuram, sem que haja quem faça um ato de reparação para rasgar-lhes'. Em seguida, a Santíssima Virgem disse: 'Olha, filha minha, o meu Coração rodeado de espinhos, onde os homens ingratos batem, com as blasfêmias e ingratidões. Ao menos tu procuras me consolar, e diz a todos os que se confessarem, nos primeiros sábados por cinco meses, recebendo em seguida a santa comunhão, recitarem um Rosário e mantiverem-me em companhia por quinze minutos meditando sobre os mistérios do Rosário, com a intenção de me dar alívio, que prometo assisti-los, na hora da morte, com todas as graças necessárias para a salvação de suas almas".

Em 15 de fevereiro de 1926, "apareceu-lhe de novo o Menino Jesus. Perguntou-lhe se havia já propagado a devoção à sua Santíssima Mãe. Ela lhe expôs as dificuldades que tinha o confessor, e que a madre superiora estava pronta a fazer propaganda, mas o confessor havia dito que ela, sozinha, não podia fazer nada. Jesus responde: 'É verdade que a tua superiora, sozinha, não pode fazer nada; mas, com a minha graça, pode tudo'. Mostrou a Jesus a dificuldade que algumas almas tinham de se confessarem ao sábados, e pedi que fosse válida a confissão de oito dias. Jesus respondeu: 'Sim, podem ser também mais, para que, quando me receberem, estejam em graça e tenham a intenção de reparar o Coração Imaculado de Maria'. Ela perguntou: 'Meu Jesus, e aqueles que se esquecerem de formular aquela intenção?' Jesus respondeu: 'Podem formulá-la na confissão seguinte, aproveitando a primeira ocasião que terão para se confessarem'". Teria sido igualmente válida "a prática desta devoção no domingo seguinte ao primeiro sábado, quando os meus sacerdotes, por motivos justos, concederam às almas".

Em 17 de dezembro de 1927, quando havia voltado a Tuy, "aproximou-se do tabernáculo e perguntou a Jesus como poderia satisfazer a pergunta que lhe era dirigida: se a origem da vocação ao Coração Imaculado de Maria estava inclusa no Segredo que a Virgem Santíssima lhe havia confidenciado. Jesus, com voz clara, fê-la ouvir estas palavras: 'Filha minha, escreve o que te pedem, e escreve também tudo aquilo que te revelou a Santíssima Virgem na aparição na qual falou desta devoção (N.A.: em 13 de junho de 1917); quanto ao resto do Segredo, continua a manter o silêncio'".

À pergunta seguinte sobre por que os sábados deviam ser exatamente cinco, na noite entre 29 e 30 de maio de 1930, obteve de Jesus esta resposta: "Filha minha, o motivo é simples: são cinco os tipos de ofensa e blasfêmias proferidas contra o Coração Imaculado de Maria: *1.* A blasfêmia contra a Imaculada Conceição, *2.* contra a sua Virgindade, *3.* contra a Maternidade divina, rejeitando ao mesmo tempo de aceitá-la como Mãe dos homens. *4.* Aqueles que procuram publicamente incutir no coração das crianças a indiferença, o desprezo e até o ódio contra esta imaculada Mãe. *5.* Aqueles que ultrajam diretamente nas suas santas imagens". Em 13 de setembro de 1939, a devoção dos cinco primeiros sábados foi oficialmente autorizada e anunciada em Fátima, enquanto que a terceira edição do Missal romano de 2002, celebração da Santa Virgem Maria de Fátima, foi inserida no Calendário litúrgico.

O tema da penitência lhe permaneceu fixo no coração, com um progressivo amadurecimento de consciência. Em 20 de abril de 1942, em uma carta ao bispo José Correia da Silva, determinou: "Eis a penitência que o bom Deus solicita agora: o sacrifício que cada um se deve impor para conduzir uma vida de justiça e observação da sua lei, e deseja que se venha a conhecer com clareza este caminho das almas, porque muitas, reconduzindo o significado da palavra 'penitência' com grande rigidez, e não se sentindo suficientemente fortes nem generosas para enfrentá-la, perdoam-se abandonando uma vida de fragilidade e pecado. Nosso senhor me disse: 'O sacrifício de cada um exige o cumprimento do próprio dever e a observação da minha lei: é a minha penitência que agora exijo e peço'".

Em 31 de maio de 1949, pronunciando a profissão solene no Carmelo de Coimbra, irmã Lúcia pediu ao Senhor para aceitar "o sacrifício que te ofereço com sensação agradável de vítima sacrificada pelo teu amor, por tua bendita Mãe, em um canto perene de eterno louvor e ação de graças. Para mim somente isso te peço: viver e morrer em um ato de puro amor até lançar-me em ti para a eternidade". E já em 18 de março de 1950, pediu ao seu confessor, o arcebispo de Coimbra Ernesto Sena de Oliveira, em ocasião do retiro anual de oito dias "a autorização para utilizar cotidianamente a corda e de passar o tempo em oração, prostrada ou com os braços em cruz, recitando as orações do anjo, na hora do repouso que era concedida entre o completório e o matutino, das oito às nove da noite. Depois do matutino, peço para que possa permanecer no coro até às onze horas em oração. Isso, além de outras penitências estabelecidas pelas normas e pelos costumes de prática comum e àquelas mais particulares, pelas quais já anteontem pedi a autorização a sua excelência. Sei que o aspecto principal dos exercícios não é a penitência, mas sinto que Nosso Senhor quer penitência; tem necessidade de almas que se sacrifiquem".

Particularmente a oração do Rosário foi sempre solicitada pela vidente, seguindo o pedido urgente de Nossa Senhora que apareceu em Fátima com o título exato de Rosário e que, em 13 de julho de 1917, depois de ter revelado o Segredo, recomendou aos pastores: "Quando recitais o rosário, depois de cada mistério, dizei: 'Ó meu Jesus! Perdoai-nos, livrai-nos do fogo do inferno, levai as almas todas para o Céu e socorrei principalmente as que mais precisarem."

Na carta de 16 de setembro de 1970 à madre Maria José Martins, que tinha sido sua companheira de noviciado entre as Doroteias, em Tuy, Lúcia escreveu: "O Rosário é, depois da sagrada liturgia eucarística, a oração que mais nos conduz aos mistérios e ao espírito da fé, da esperança e da caridade. Ela é o pão espiritual das almas; quem não reza, entristece e morre. É na oração que nós nos encontramos com Deus e é neste encontro que ele nos comunica a fé, a esperança e a caridade, virtudes estas sem as quais não nos salvaremos. O Rosário é a oração dos pobres e dos ricos, dos sábios e dos ignorantes; tirar das almas esta devoção seria como tirar-lhes o pão espiritual de cada dia. É ele quem alimenta a pequena chama da fé, que ainda não se apagou totalmente em muitas consciências. Também por aquelas almas que rezam sem meditar, o simples ato de pegar o terço para rezar é já uma lembrança de Deus, do sobrenatural. A simples recordação dos mistérios a cada dezena é um outro raio de luz que sustenta nas almas o pavio ainda fumegante. Por isso o demônio lhe fez tanta guerra! O pior é que conseguiu iludir e enganar almas cheias de responsabilidade pelo cargo que ocupam! São cegos que guiam outros cegos! E querem apoiar-se no Concílio e não veem que o sagrado Concílio ordenou que sejam conservadas todas as práticas que no decorrer dos anos foram praticadas em honra à Imaculada Virgem Mãe de Deus e que a recitação do Rosário ou de uma terça parte é uma das principais às quais, levando em conta o que foi ordenado pelo sagrado Concílio e pelo Sumo Pontífice, somos obrigados, ou seja, que devemos conservar".

No seu diário *O meu caminho*, leem-se palavras claríssimas: "Essa é a penitência e a oração que o Senhor, agora, mais pede e exige: a oração e a penitência pública e coletiva, junto à abstenção dos pecados, porque é aquela que mais revive a fé nos espíritos, a confiança nas almas, e acende a chama da caridade nos corações. Move os indiferentes, devolve a visão aos cegos e atrai os incrédulos. É por meio disso que o Senhor inviará o seu anjo com a espada de fogo e espalhará os exércitos de demônios que invadem o mundo, cegam os homens e destroem a paz. A paz da Igreja, a paz das nações, a paz das famílias nas casas, a paz das consciências nas almas. Falta a paz porque falta a fé, falta a penitência, falta a oração pública, coletiva. Recitai o Rosário todos os dias para obter a paz no mundo e o fim da guerra, disse Nossa Senhora em 13 de maio de 1917. Esse pedido insistente não considerava somente as três pobres e humildes crianças. Não, é um apelo a todo o mundo, a todas as almas, a todos os homens, fiéis e incrédulos, porque a fé é um dom de Deus que se obtém pedindo-a: peçam e vos será dado. Se não tenhais fé, pedi a Deus e ele vos irá conceder, porque também vós, que não tendes fé, tendes uma alma para salvar para que não seja eternamente sacrificada".

Os vinte apelos

A oitenta anos de distância das primeiras aparições, em 25 de março de 1997, irmã Lúcia terminou a redação de um longo texto que, sob o título *Gli appelli del messaggio di Fatima* (Os apelos da mensagem de Fátima), foi publicado pela Livraria Editora Vaticana em 2001 com a explícita aprovação da Congregação para a Doutrina da Fé. A vidente distendeu-se especialmente sobre vinte temáticas e chamadas retomando as palavras do anjo de Portugal e de Nossa Senhora do Rosário, apresentando-as "em tom catequizante e interpretando-as principalmente em perspectiva moral e exortativa", como determinou o bispo Serafim de Souza Ferreira e Silva, emérito de Leiria-Fátima.

Trata-se do fruto de uma longa e aprofundada meditação, que vale a pena seguir ao menos nas suas linhas essenciais. Essa mesma religiosa explicou de fato que "mesmo que as revelações sobrenaturais venham acompanhadas em geral por uma graça especial que esclarece o significado, na época as pobres crianças estavam longe de imaginar toda a extensão e significado como podemos compreendê-lo hoje e transmitir às almas" e que "muitos anos mais tarde me foi possível ler a Sagrada Bíblia, e somente então revelado o significado mais íntimo da mensagem e a sua relação com a Palavra de Deus".

1. Meu Deus eu creio. A fé é a base de toda a vida espiritual. É por meio da fé que cremos na existência de Deus, no seu poder, na sua sabedoria, na sua misericórdia, na sua obra redentora, no seu perdão e no seu amor de Pai. É por meio da fé que cremos na Igreja de Deus, fundada por Jesus Cristo, e na doutrina que nos transmite e mediante a qual seremos salvos. É a luz da fé que guia os nossos passos, conduzindo-nos pela rua estreita que leva ao Céu. É por meio da fé que vemos Cristo nos nossos irmãos, e os amamos, nós os servimos e ajudamos quando têm necessidade de nossa ajuda. E é ainda por meio da fé que nos vem a certeza da presença de Deus em nós, a certeza de estarmos sempre sob o olhar de Deus.

2. *Adoro.* A mensagem chama aqui a nossa atenção sobre o primeiro mandamento de Deus: "Eu sou o Senhor, teu Deus". Com esta lei, Deus nos ordena a adorar somente a Ele, porque somente Ele é digno de ser adorado pelas suas criaturas. Adorar a Deus é portanto um dever e um preceito que o Senhor nos impôs por amor, para nos dar a oportunidade de sermos beneficiados por Ele. A adoração se funde com o amor, com o reconhecimento, com a gratidão, porque a nenhum outro devemos tanto quanto a Deus. A nossa adoração deve ser um cântico de perfeito louvor a Deus, porque já nos amava ainda antes que tivéssemos existido e porque nos deu a existência movido completamente por esse amor.

3. *Espero.* Toda a nossa esperança deve ser recolocada no Senhor, porque é o único verdadeiro Deus, que nos criou com amor eterno e nos resgatou enviando-nos o seu mesmo Filho. Temos necessidade de nos identificarmos com Cristo para reproduzir em nós a sua Palavra: "Eu e o pai somos uma coisa só". É sob esta identificação da nossa vida com a vida de Cristo, vítima de expiação dos nossos pecados, que a nossa fé se estabiliza e se fortifica. Porque sabemos que é por nossa união com Cristo e pelos seus méritos que seremos salvos. Esta é a via que devemos seguir para chegar a ocupar o lugar que Jesus preparou no Céu para nós.

4. *Vos amo.* "Deus é amor", diz o apóstolo São João, e, como tal, ama-nos com amor eterno, ou seja, por toda a eternidade. Temos com Deus um débito de amor eterno, e somente com o passar dos séculos poderemos satisfazer este débito, sem jamais saldá-lo completamente, porque o amor de Deus segue adiante e se prolonga sempre com maior intensidade. Por isso nada e ninguém além dele

merece a correspondência do nosso amor. Este nosso amor a Deus vem manifestado e demonstrado pelo amor que dedicamos a cada um de nossos irmãos, porque todos são, como nós, filhos de Deus, amados e resgatados por Ele, em Jesus Cristo.

5. *Peço-vos perdão.* Todos nós temos necessidade de obter o perdão de Deus: pela nossa pouca fé que muitas vezes está cansada, pela nossa esperança que muitas vezes é apagada, pela nossa caridade que muitas vezes é fria e insensível, e pela nossa adoração que muitas vezes é fraca! Pedimos perdão por aqueles que não creem, por aqueles que não adoram, por aqueles que não esperam e por aqueles que não amam; e muitas vezes nós fazemos parte desse número! Deus é misericordioso e está sempre pronto a perdoar-nos, para que veja em nós o arrependimento e a correção da vida, ou seja, veja que, arrependidos, mudemos de vida deixando a estrada do pecado para seguir aquela da graça.

6. *Rezai, rezai muito!* A nossa oração deve ser o encontro do amor do filho que se funde no coração do Pai, e é amor do Pai que se renasce no seu filho, escuta as palavras do filho, as suas súplicas, os seus louvores, os seus agradecimentos, e satisfaz os seus pedidos. Há muitas maneiras de rezar, ou para nos encontrarmos com Deus na oração. O melhor para cada pessoa é aquilo que mais a ajuda a encontrar Deus e a manter-se em contato íntimo com Ele, coração a coração, palpitando de amor pelo Pai com o Coração de Jesus Cristo. É nesta oração, vivida no diálogo íntimo com Cristo, ao qual devemos nos preparar para o desempenho da missão que Deus nos quer confiar.

7. *Oferecei ao Altíssimo orações e sacrifícios.* Todos temos o dever, em união com a vítima inocente que é Cristo, de sacrificar-se em reparação dos nossos pecados e daqueles nossos filhos, porque todos somos membros do mesmo único corpo místico do Senhor. Ao longo do caminho da nossa vida cotidiana, encontramos muitos e diferentes tipos de sacrifícios que podemos e devemos oferecer a Deus. É a renúncia e o sacrifício que Deus nos pede e pretende por nós; se não nos sacrificamos nesta vida, seremos sacrificados na vida eterna, e não somente por termos feito o mal, mas também porque não temos feito o bem.

8. Tomai e bebei o corpo e o sangue de Jesus Cristo, horrivelmente ultrajado pelos homens ingratos. Reparai os seus delitos e consolai o vosso Deus. Por estas palavras é claro que, se não nos alimentamos com a santa comunhão, não teremos em nós a vida de graças, a vida sobrenatural que depende da nossa união com Cristo, pela comunhão com seu corpo e seu sangue. Por isso permaneceu na eucaristia: por ser o nosso alimento espiritual, o nosso pão de cada dia que sustenta em nós a vida sobrenatural. Jesus Cristo nos assegura a sua presença real, em corpo e alma, vivo como está no céu, onde quer que encontremos o pão e o vinho consagrados.

9. Santíssima Trindade, Pai, Filho, Espírito Santo, adoro-vos profundamente. Trata-se de um mistério que somente no Céu nos será possível compreender perfeitamente. Acreditamos nisso porque Deus nos revelou, e sabemos que a nossa limitada compreensão está muito longe da força e da sabedoria de Deus.

Jesus pede ao Pai a nossa união com a Santíssima Trindade: "Como tu, Pai, estás comigo e eu contigo, estejam também eles em nós uma coisa só". Exatamente essa é a nossa vida sobrenatural, porque estar em Deus é viver a vida de Deus: Deus presente em nós e nós imersos em Deus. Esta vida de íntima união com Deus, às vezes apresentada como difícil e triste, é contudo simples, radiante e feliz.

*10. A recita*ção cotidiana do Rosário. Se Deus por meio de Nossa Senhora nos tivesse solicitado a participar todos os dias da santa Missa e fazer a comunhão, com certeza muitos teriam dito, com toda a razão, que não seria possível. Ao contrário disso, a oração do Rosário é acessível a todos. Por outro lado, acredito que, depois da oração litúrgica do santo Sacrifício da Missa, a oração do santo Rosário ou terço, pela origem e sublimidade das orações que a compõem e pelos mistérios da Redenção que recordamos ou meditamos a cada dezena, seja a oração mais agradável que podemos oferecer a Deus e de maior aproveitamento pelas nossas almas.

11. Jesus quer estabelecer no mundo a devoção ao meu Coração Imaculado. Estabelecer no mundo a devoção ao Coração Imaculado de Maria significa levar as pessoas a uma plena consagração de conversão, doação, íntima estima, veneração e amor. No coração de Maria, Deus iniciou a obra da nossa redenção, dado que foi no seu *"fiat"[1]* em que isso teve início. Deste modo, na mais estreita união que pode existir entre dois seres humanos, Cristo iniciou com Maria a obra da nossa salvação. Por isso Maria, que se tornou uma só em Cristo, é a corredentora do gênero humano. E Maria permaneceu sobre a terra para ajudar os outros seus filhos a completar a obra redentora de seu Cristo.

12. *Todos nós desejamos conservar a vida temporal que passa com os dias, os anos, os trabalhos, as alegrias, as penas e as dores. Mas quão pouco nos preocupamos com a vida eterna! E, todavia, esta é a única realmente decisiva e que perdura para sempre.* A nossa alma é um ser espiritual que participa da vida de Deus e é imortal. Quando o corpo é reduzido à impossibilidade absoluta de cooperar com a ação da alma, esta o abandona e voa em direção ao seu centro de atração que é Deus. Mas a nossa participação na vida eterna deverá ser decidida entre duas realidades bem distintas: o Céu ou o inferno. Não falta ao mundo a incredulidade daqueles que negam estas verdades, mas está certo que eles não param de existir pelo fato somente de serem negados.

13. *Rezai, rezai muito e fazei sacrifícios pelos pecadores, porque muitas almas vão ao inferno porque não há quem se sacrifique por eles.* A mensagem nos solicita o apostolado junto aos nossos irmãos: devemos ser cooperadores de Cristo na sua obra de redenção, na salvação das almas. Existe o apostolado da oração, sobre a qual se deve basear todo o restante apostolado para ser eficaz e fecundo; existe o apostolado do sacrifício, ou daqueles que se sacrificam, renunciando a si mesmos, pelo bem dos seus irmãos; e temos o apostolado da caridade, que é a vida de Cristo reproduzida em nós quando nos entregamos a Deus a serviço do próximo.

14. *Continuai a recitar o Rosário, para obter o fim da guerra.* A oração é a base de toda a vida espiritual. Por isso a mensagem nos

---

[1]NT: Quando o alto magistrado romano ia fazer uma graça suplicante, sem limitação, escrevia-se sob o memorial "fiat, fiat" (repetido) em vez de simplesmente "fiat", que se escrevia quando a graça era menos plena.

solicita a perseverança na oração, ou seja, continuar rezando para obter o fim da guerra. Está certo que naquela época a mensagem se referia à guerra mundial que afligia então a humanidade. Mas esta guerra é também o símbolo de muitas outras guerras que nos circundam e das quais devemos obter o fim, com a oração e o nosso sacrifício. Penso nas guerras que nos declaram os que são inimigos da nossa salvação eterna: o demônio, o mundo e a nossa própria natureza carnal.

15. *Não ofendei mais o Deus nosso Senhor que já está muito ofendido.* O preceito de amar a Deus não é somente o primeiro dos mandamentos pela grandeza única do destinatário ao qual se dirige, mas também porque este amor nos deve levar a cumprir com fidelidade todos os outros preceitos. Ofendemos a Deus porque transgredimos os seus preceitos, visto que são uma manifestação do seu amor por nós. Mas não podemos pensar que para cumprir as prescrições da mensagem e do preceito do amor seja suficiente evitar o pecado para não ofender a Deus. Olhemos Jesus Cristo no Evangelho! A grande preocupação do seu coração era de mostrar aos homens o amor do Pai, amá-lo e fazê-lo amado, observando os seus preceitos e a sua Palavra.

16. *A santifica*ção da família. Deus confiou à família uma missão sagrada de cooperação com ele na obra da criação. Na mensagem de Fátima, Deus nos chama a voltar o olhar em direção à santa Família de Nazaré, para nos apresentar um modelo a imitar ao longo do caminho dos nossos passos de peregrinos que caminham da terra ao Céu. Os pais são encarregados de guiar os primeiros passos dos filhos ao lado do altar de Deus, ensinar-lhes a levantar as mãos inocentes e a rezar, ajudá-los a saber encontrar Deus em seu caminho e a seguir o eco da sua voz. É esta a missão de maior responsabilidade e importância que foi confiada aos pais.

17. *A perfeição da vida Cristã.* Jesus viveu no mundo como um homem perfeito que completou totalmente a vontade do Pai. E a vontade que Jesus deve completar é a de não perder nenhum daqueles que o Pai lhe confiou, mas de salvá-los e ressuscitá-los no último dia. Mas esta ressurreição solicita a nossa cooperação, ou seja, a fé. Jesus Cristo veio resgatar-nos por meio do sofrimento; e sua

Mãe partilhou essa dolorosíssima paixão como corredentora, sendo vista como mãe aos pés da cruz. Com ela, Deus nos quis mostrar o valor do sofrimento, do sacrifício e da imolação por amor.

18. *A plena consagração a Deus.* A aparição de Nossa Senhora do Carmelo tem o significado de uma plena consagração a Deus: mostrando-nos vestida com um hábito religioso quis representar todos os outros hábitos com os quais as pessoas inteiramente consagradas a Deus se distinguem dos simples cristãos seculares. Foram realizadas escolhas para dar fruto e para fazer com que o nosso fruto permaneça: é a perseverança na fidelidade à doação que temos recebido de Deus e à nossa promessa de aceitação dessa doação. A missão das pessoas consagradas é a de trabalhar e santificar-se em união com Cristo pelo Reino dos céus. Assim cada consagrado é um outro Cristo na terra, uma outra ovelha enviada por Deus para tirar os pecados do mundo.

19. *A santidade.* O dever de ser santo compete a todos. Aqueles que não têm a felicidade de possuir o dom da fé são igualmente sujeitos ao compromisso de serem santos por um conselho da consciência humana; pela mesma razão, diz-se que, mesmo não tendo o conhecimento de Deus, todos aqueles que cumprem a lei natural podem se salvar. Para nós que temos a felicidade de possuir o dom da fé, recebido no sacramento do batismo, o dever de sermos santos nos compromete a algo a mais: a revestir-nos da vida sobrenatural, a dar um caráter sobrenatural a todas as nossas ações, isto é, a sermos santos porque Deus quer e porque Deus é santo.

20. *Prosseguir na via para o Céu.* Se Deus nos tivesse criado somente para viver sobre a terra esses poucos dias ou anos, que passamos aqui entre trabalho, dores e aflições que cabe a todos, alguns mais outros menos, suportar, então poderemos dizer que nossa vida não há razão de ser, porque logo logo termina no pó da terra de onde fomos tirados. Deus, na sua grandeza, devia ter fins mais elevados, e o seu amor não podia contentar-se com isso. Iniciando no momento da concepção, a nossa vida se prolonga no tempo, na estrada da eternidade, onde permanece. Enquanto vivemos sobre a terra, somos peregrinos no caminho em direção ao Céu, se seguimos a via que Deus nos traçou.

4
Nove pontífices e a consagração

A estreitíssima ligação entre os Papas e Fátima se instaurou a partir de 13 de julho de 1917, quando Nossa Senhora revelou aos pequenos pastores o Segredo e – segundo o que escreve irmã Lúcia em 3 de janeiro de 1944 – "vimos em uma luz imensa que é Deus: 'algo parecido como se veem as pessoas em um espelho quando passam diante dele' um Bispo vestido de Branco 'tivemos a impressão de que fosse o Santo Padre'". No prosseguimento da visão, o Santo Padre "atravessou uma grande cidade sendo metade em ruínas e, um pouco trêmulo com o passo vacilante, aflito de dor e de pena, rezava pelas almas dos cadáveres que encontrava no seu caminho; assim que chegou ao alto da montanha, prostrado de joelhos diante da grande Cruz veio assassinado por um grupo de soldados que lhe dispararam vários golpes de arma de fogo e flechas".

Em 27 de abril de 2000, o arcebispo Tarcisio Bertone, na época secretário da Congregação para a Doutrina da Fé, foi a Coimbra para uma entrevista com irmã Lúcia, a pedido de João Paulo II, e lhe perguntou dentre outras coisas se o personagem principal da visão era o Papa. No relatório de monsenhor Bertone, lê-se que "irmã Lúcia responde rapidamente que sim e lembra que os três pastores estavam muito tristes com o sofrimento do Padre e Jacinta repetia: *'Coitadinho do Santo Padre, tenho muita pena dos pecadores!'* Irmã Lúcia continua: 'Nós não sabíamos o nome do Papa, a Senhora não nos disse o nome do Papa, não sabíamos se era Bento XV ou Pio XII ou João Paulo II, porém era o Papa que sofria e nos fazia também sofrer"[1].

De fato, as aparições de Fátima ocuparam todos os nove Papas do último século, a começar por aquele de 1917 que em 5 de maio, apenas oito dias antes da manifestação mariana de 13 de maio, havia desejado acrescentar à Ladainha lauretana o título de "Rainha da paz". Bento XV havia explicado publicamente tal escolha: "Que se eleve, portanto, em direção à Maria, que é Mãe de misericórdia e onipotente por graça, de cada ângulo da terra, [...] a piedosa, devota invocação e leve a ela o angustiante grito das mães e das esposas, o gemido das crianças inocentes, o suspiro de todos os corações gentis: mova a sua branda e benigna solicitude para obter deste mundo conturbado a tão cobiçada paz e lembre, pois, aos séculos vindouros a eficácia da sua intercessão e a grandeza do benefício por ela compartilhados".[2] E Nossa Senhora do Rosário pareceu mesmo responder a esse pedido do Papa, preanunciando aos videntes que se aproximava o fim da Primeira Guerra Mundial.

Permaneceu de qualquer forma enigmática a formulação utilizada por irmã Lúcia quando descreveu o Papa como "um Bispo vestido de Branco". Os pequenos pastores de fato não mostraram ter clareza a esse respeito, como documentou a própria Lúcia na *Primeira memória*: "Vieram a nos interrogar dois sacerdotes, que nos recomendaram a rezar pelo Santo Padre. Jacinta perguntou quem era o Santo Padre e aqueles bons sacerdotes nos explicaram quem era e o quanto havia necessidade de orações. Jacinta começou a amar tanto o Santo Padre que, cada vez que oferecia os seus sacrifícios a Jesus, acrescentava: 'É pelo Santo Padre'. Ao fim do Rosário, recitavam-se sempre três Ave Marias pelo Santo Padre, e algumas vezes dizia: 'Como teria o prazer de ver o Santo Padre! Vem aqui tanta gente, e o Santo Padre nunca vem'. Na sua

---

[1] *http://www.vatican.va/roman_curia/congregations/cfaith/documents/rc_con_cfaith_doc_20000626_message-fatima_it.html.*
[2] *https://w2.vatican.va/content/benedict-xv/it/letters/1917/documents/hf_ben-xv_let_19170505_regina-pacis.html.*

inocência de criança, pensava que o Santo Padre pudesse fazer aquela viagem como qualquer outra pessoa".[3]

O fato de que as crianças não tivessem jamais visto um bispo[4] e a garantia, exposta por Lúcia,[5] de que ao escrever o texto do Segredo tivesse sido assistida diretamente pela Virgem, evidenciam que a expressão foi derivada de uma iluminação interior bem clara. E exatamente por esse motivo algumas vezes se constatou um cenário inédito, depois da renúncia de Bento XVI e a eleição de Francisco: a coexistência no Vaticano de um Papa dominante, que prefere sempre se definir "Bispo de Roma", e de um Papa emérito, que continua a se vestir de branco e a ser chamado de "Santidade", tem permitido até então sugerir que o "Bispo vestido de Branco" e o "Santo Padre" da visão possam ser duas pessoas diferentes.

Na *Terceira memória*, irmã Lúcia contou um episódio que aconteceu no tempo das aparições, enquanto se encontravam perto do poço, ao fundo do quintal dos seus pais: "Jacinta me chama: 'Não viste o Santo Padre?' 'Não!' 'Não sei como foi! Eu vi o Santo Padre em uma casa muito grande, ajoelhado diante de uma mesa (N.A.: uma hipótese é a de que se trate de um altar depois da reforma litúrgica do Vaticano II), com as mãos no rosto, em prantos". Fora da casa havia muita gente, alguns jogavam pedras, outros amaldiçoavam e diziam muitos palavrões. Pobre Santo Padre! Devemos rezar muito por Ele!' Jacinta em seguida me perguntou: 'É o mesmo o qual eu vi chorar e do qual aquela Senhora falou no segredo?' 'Sim', respondi-lhe. 'Certamente aquela Senhora a fez ver também a estes dois padres! Vês? Não errei. Precisa rezar muito por Ele'"[6]. Em uma outra ocasião,

---

[3]Luigi Kondor (org.), *Memorie di suor Lucia - vol. 1*, Secretariado dos pastorinhos 2005, p. 50.

[4]"Não sei se alguém, também entre os mais velhos, lembrava-se de ter visto as vestes escarlate de algum prelado, ou de ter recebido o sacramento da crisma", determinou irmã Lúcia, referindo-se aos anos de infância em Aljustrel, no seu livro *Gli appelli del messaggio di Fatima (Os apelos da mensagem de Fátima)*, Libreria editrice vaticana 2001, p. 22.

[5]Tratou-se de uma assistência "palavra por palavra", segundo a afirmação do pai Joaquin M. Alonso em *La verdad sobre el secreto de Fatima*, Publicaciones Claretianas 1976.

[6]Luigi Kondor (org.), *Memorie di suor Lucia - vol. 1*, Secretariado dos pastorinhos 2005, p. 124-125.

nos arredores da gruta do Cabeço, "Jacinta se levanta e me chama: 'Não vês tantas estradas, tantos caminhos e campos cheios de pessoas que choram de fome não têm o que comer? E o Santo Padre em uma igreja, diante do Coração Imaculado de Maria, em oração? E tanta gente em oração com ele?' Alguns dias depois, perguntou-me: 'Posso dizer que vi o Santo Padre e toda aquela gente?' 'Não. Não vês que faz parte do segredo? Que assim o descobririam logo?' 'Está bem, então não direi nada'.

A perplexidade de Pio XI

Entre as 23 horas e meia-noite de 13 de junho de 1929, enquanto Lúcia se encontrava na capela de Tuy, porque havia recebido a permissão de fazer todas as noites de cada quinta-feira a devoção da Hora Santa, confirmou-se realizar o aviso que Nossa Senhora do Rosário lhe havia feito em 13 de julho de 1917: "Virei pedir a consagração da Rússia ao meu Coração Imaculado". O jesuíta José Bernardo Gonçalves, que desde outubro de 1927 havia substituído o irmão José Aparício da Silva como confessor da casa do noviciado das Doroteias, transcreveu diretamente a partir das anotações da vidente a história que aconteceu quando ela estava recitando, com os braços abertos em forma de cruz, as orações do anjo: "De repente toda a capela se iluminou com uma luz sobrenatural e sobre o altar apareceu uma cruz de luz que chegava até o teto. Sob uma luz mais clara via-se na parte superior da cruz um rosto de homem e o corpo até a cintura, sobre o peito uma pomba também de luz e pregado à cruz o corpo de um outro homem. Um pouco abaixo da cintura, suspenso no ar, via-se um cálice e uma hóstia grande, sobre a qual caíam algumas gotas de sangue que escorriam da face de Jesus Crucificado e de uma ferida ao lado. Essas gotas se deslizavam abaixo da hóstia e acabavam caindo no cálice. Sob o braço direito da cruz havia Nossa Senhora (era Nossa Senhora de Fátima com o Coração Imaculado na mão esquerda, sem espada, nem rosas, mas com uma coroa de espinhos e chamas). Sob o braço esquerdo, algumas letras grandes, como se fossem de água cristalina que tivesse escorrido sobre o altar, formavam estas palavras: 'Graça e Misericórdia'. Compreendi que me havia mostrado o mistério da Santíssima Trindade, e recebi luzes deste mistério que não me permitiu jamais revelar"[7].

Nesse instante, a Virgem lhe disse: "Chegou o momento em que Deus pede que o Santo Padre faça, em união com todos os bispos do mundo, a consagração da Rússia ao meu Coração Imaculado, prometendo salvá-la por este meio. São tantas as almas que a justiça de Deus condena pelos pecados cometidos contra mim, que venho pedir reparação: sacrifica-te por esta intenção e reza"[8].

Ao fim de maio de 1930, padre Gonçalves pediu a Lúcia que detalhasse por escrito "a respeito da salvação da pobre Rússia, o que Nossa Senhora desejava ou queria?" Em 12 de junho a vidente lhe entregou esta resposta: "Se não me engano, o nosso bom Deus promete cessar as perseguições na Rússia, se o Santo Padre se dignar fazer, e ordenar que o façam igualmente os bispos do mundo católico, um solene e público ato de reparação e consagração da Rússia aos Santíssimos Corações de Jesus e de Maria. Sua Santidade deveria também prometer que, se esta perseguição cessar, aprovará e recomendará a prática da já mencionada devoção reparadora (N.A.: dos cinco sábados)"[9].

O jesuíta transmitiu essa mensagem ao bispo de Leiria e sucessivamente, segundo o que determinou irmã Lúcia ao escritor William Thomas Walsh, "a escritura foi encaminhado a Sua Santidade Pio XI. Não conheço a data precisa de que foi comunicada a Sua Santidade, nem o nome da pessoa de quem se serviu o meu confessor. Mas lembro bem que o meu confessor me disse que o Santo Padre tinha ouvido a mensagem amavelmente e havia prometido levá-la em consideração"[10].

---

[7]Ibidem, p. 191-192.
[8]Ibidem, p. 192.
[9]Antonio Maria Martins (org.), *Lucia racconta Fatima*, Queriniana 1999, p. 145-146.
[10]William Thomas Walsh, *Madonna di Fatima*, Ancora - Nigrizia 1965, p. 329-330.

Papa Ratti, porém, não se mostrava muito complacente com acontecimentos desse tipo. Testemunhou o seu secretário Carlo Confalonieri, eleito cardeal logo em seguida: "Chegavam muitas cartas, e Pio XI lia todas elas. Dentre elas, havia, não poucas, de irmãs ou mulheres em geral, que contavam sobre suas visões místicas e lhe retomavam mensagens e anúncios de caráter sobrenatural. Pio XI lia as cartas, depois levantava o olhar, pousava-o sobre a mesa, cabisbaixo, e exclamava um 'Mas!' pensativo. Refletia por alguns segundos, repetia: 'Mas!' Enfim, dizia, a meia voz, como se estivesse falando a si mesmo: 'Dizem... dizem que eu sou o Seu vigário na terra. Se existe algo que eu deva saber, poderia dizê-lo a mim'"[11].

De fato, não correspondeu ao pedido transmitido por Lúcia, tanto que em agosto de 1931, enquanto se encontrava em convalescência em Rianjo, Lúcia sentiu Jesus exprimir-lhe com dureza a própria insatisfação, como lemos na carta que em 29 daquele mês enviou ao seu bispo: "O meu confessor me ordena que informe vossa excelência do que aconteceu há pouco tempo entre Nosso Senhor e mim. Enquanto eu pedia a Deus a conversão da Rússia, da Espanha e de Portugal pareceu-me que Sua Divina Majestade tinha dito a mim: 'tu me consolas muito pedindo-me a conversão destas pobres nações. Perguntas também a minha Mãe dizendo-lhe frequentemente: 'Doce Coração de Maria sois a salvação da Rússia, Espanha e Portugal, Europa e mundo inteiro'. Em outras circunstâncias dizes: 'Pela vossa pura e imaculada conceição, ó Maria, obtende a conversão da Rússia, Espanha, Portugal, Europa e mundo inteiro'. Faz saber aos meus ministros, visto que seguem o exemplo do rei da França ao retardar a realização do meu pedido, que o seguirão nos desastres. Jamais será tarde para recorrer a Jesus e Maria'"[12].

A referência principal era o que tinha acontecido entre 1600 e 1700 na França. Em 17 de junho de 1689, Jesus apareceu a irmã Margherita Maria Alacoque, no mosteiro de Paray-le-Monial,

---

[11]Marco Tosatti, *Il segreto non svelato*, Piemme 2002, p. 68.
[12]Joaquin Alonso, *Fátima ante la esfinge*, Sol de Fatima 1979, p. 97.

e lhe havia dito para transmitir ao rei Luís XIV quatro pedidos seus: inserir o Sagrado Coração de Jesus no brasão real; construir um templo em sua homenagem; fazer a consagração ao Sagrado Coração; comprometer-se com a própria autoridade junto à Santa Sé para obter uma Missa em honra ao Sagrado Coração. Nem o "rei sol", nem os seus sucessores Luís XV e Luís XVI cumpriram tal solicitação: em junho de 1789, exatamente há cem anos daquele apelo, teve início o movimento revolucionário que levou à prisão Luís XVI. No cárcere, o rei tentou fazer a consagração e prometeu que, depois da eventual liberação, realizaria as outras solicitações: mas o tempo propício havia passado, em 21 de setembro de 1792 os deputados da Constituição votaram em unanimidade à abolição da monarquia na França e Luís XVI foi condenado à guilhotina em 21 de janeiro de 1793.

Em 21 de janeiro de 1935, Lúcia insistiu em uma carta a padre Gonçalves: "Quanto à Rússia, parece-me que será um prazer a nosso Senhor, se trabalhar para que o Santo Padre realize os seus desejos. Há três anos, nosso Senhor estava bastante magoado, porque não se dava importância ao seu pedido. Em uma carta, mostrou a sua excelência. Até hoje, nosso Senhor não me pediu nada além de orações e sacrifícios. Intimamente, falando com Ele, parece-me que está disposto a ter misericórdia da pobre Rússia, como havia prometido cinco anos antes, e que Ele deseja tanto a sua salvação"[13].

Em uma nova carta ao seu confessor, em 18 de maio de 1936, depois de ter reafirmado que na última entrevista o bispo de Leiria lhe havia "prometido ocupar-se deste argumento", a religiosa explicou: "Quanto à outra pergunta, se for conveniente insistir para obter a consagração da Rússia, respondo quase o mesmo que disse outras vezes. Desculpe-me se ainda não foi realizada, mas o mesmo Deus que perguntou isso, permitiu que acontecesse assim. [...] Se é conveniente insistir? Não sei. Parece-me que se o

---

[13]Antonio Maria Martins (org.), *Lucia racconta Fatima*, Queriniana 1999, p. 146.

Santo Padre a tivesse feito agora, nosso Senhor a teria aceitado e realizado a sua promessa; e sem dúvida teria sido uma grande satisfação para o Nosso Senhor e para o Coração Imaculado de Maria. Intimamente falei com Nosso Senhor deste argumento; há algum tempo lhe perguntei por que não convertia a Rússia, mesmo que Sua Santidade não fizesse a consagração. 'Porque quero que toda a minha Igreja reconheça esta consagração como um triunfo do Coração Imaculado de Maria, para depois estender o seu culto e pôr ao lado da devoção ao meu divino Coração, a devoção a este imaculado Coração'. 'Mas, meu Deus, o Santo Padre não acreditará em mim, se Vós mesmo não o moveis com uma inspiração especial!' 'O Santo Padre! Reza, reza muito pelo Santo Padre! Ele a fará, mas será tarde. E então o Coração Imaculado de Maria deve salvar a Rússia. É confiada a Ele'"[14].

A consagração de Pio XII

No mesmo dia da primeira aparição aos três pequenos pastores, em 13 de maio de 1917, Bento XV consagrou Eugenio Pacelli como arcebispo, que, depois de alguns encargos como porta-voz, em 1930 seria nomeado secretário de Estado por Pio XI e em 2 de março de 1939 seria eleito Papa com o nome de Pio XII.

Percebe-se que a única referência a Fátima, no tempo anterior ao pontificado, surge em 1931 e teria mostrado Pacelli um suave conhecimento sobre o conteúdo do Segredo, ainda antes que a vidente tivesse começado a escrever as suas *Memórias*: "Estou preocupado com as mensagens da santa Virgem à pequena Lúcia de Fátima. Este insistir por parte de Maria sobre os perigos que ameaçam a Igreja é uma advertência divina contra o suicídio pela alteração da fé, na sua liturgia, na sua teologia e na sua alma. Sinto ao redor de mim os inovadores que querem desmantelar a sagrada capela, destruir a

---

[14]Ibidem, p. 147.

chama universal da Igreja, rejeitar os seus ornamentos, infringir-lhes o remorso pelo seu passado histórico. Virá um dia em que o mundo civilizado negará o próprio Deus, quando a Igreja duvidar como duvidou Pedro. Será então tentada a acreditar que o homem virou Deus. Nas nossas igrejas, os cristãos irão procurar em vão a lâmpada vermelha onde Deus os espera. Como Maria Madalena, em lágrimas diante da tumba vazia, irão se perguntar: 'Para onde o levaram?'"[15]

Logo nos meses seguintes à eleição de Pacelli, Lúcia dirigiu-se ao menos em muitas ocasiões ao seu confessor padre Gonçalves, com expressões dramáticas, em referência ao quanto o Céu havia encarregado ao Papa. Em 21 de janeiro de 1940, escreveu-lhe: "Desculpe-me se, apesar da inspiração do Espírito Santo, tenha-se deixado fugir uma ocasião. Também Nosso Senhor se lamenta disso. Por este ato, ele deveria aplacar a sua justiça e perdoar o mundo flagelado da guerra, que, por meio da Espanha, a Rússia está se desencadeando entre as nações. Em uma carta a sua excelência, que escrevi em Rianjo, disse em termos bastante claros. Deus quer que se aproxime este momento. Deus é tão bom, que está sempre disposto a agir por nós com misericórdia. É portanto vontade de Deus que se renove o pedido à Santa Sé. Se não intervier neste ato pelo qual será concedida a paz, a guerra terminará somente quando o sangue derramado dos mártires for suficiente para aplacar a divina justiça"[16]. E em julho do mesmo ano, aumentou a dose: "Quanto à consagração da Rússia, não foi feita no mês de maio como ela esperava. Será feita sem dúvida, mas não logo. Deus prometeu agora, de modo a punir o mundo pelos seus delitos"[17].

Uma posterior tentativa aconteceu em 18 de agosto de 1940: "Acredito que seja agradável a Nosso Senhor que exista alguém que se interesse junto ao Vigário, na terra, pela realização dos seus desejos. Mas o Santo Padre não o fará imediatamente. Duvida da

---

[15]Georges Roche - Philippe Saint Germain, *Pie XII devant l'histoire*, Laffont 1972, p. 52-53.
[16]Antonio Maria Martins (org.), *Lucia racconta Fatima*, Queriniana 1999, p. 150.
[17]Ibidem, p. 152.

autenticidade dos fatos e tem razão. O nosso bom Deus poderia, por meio de algum prodígio, mostrar claramente que é Ele que o quer. Mas aproveita esta ocasião para punir com a sua justiça o mundo de tantos delitos, e prepará-lo para que lhe tenha um retorno mais completo. A prova que nos concede é a proteção especial do Coração Imaculado de Maria sobre Portugal, a respeito da consagração que lhe fizeram. [...] De qualquer forma, todas as vezes que lhe for possível, não perca a oportunidade de renovar junto ao Santo Padre o nosso pedido, para ver se conseguimos abreviar esta situação. Tenho tanta compaixão pelo Santo Padre e suplico muito, com as minhas orações e sacrifícios, por Sua Santidade"[18].

Poucas semanas mais tarde, em outubro, Lúcia recebeu do bispo Manuel Marilla Ferreira da Silva (auxiliar na diocese de Goa e Damão na Índia e titular de Gurza), que era o seu principal diretor espiritual, a indicação para escrever uma carta ao Papa.[19] O bispo de Leiria retocou o rascunho e Lúcia copiou a mão a elaboração final, datando-a como 2 de dezembro de 1940: "Venho, Santíssimo Padre, renovar um pedido já encaminhado várias vezes à Vossa Santidade. O pedido, Santíssimo Padre, é de Nosso Senhor e de nossa boa Mãe do céu. Em 1917, na parte das aparições que temos chamado de 'o segredo', a Santíssima Virgem revelava o fim da guerra que naquele tempo afligia a Europa e anunciava uma outra no futuro, dizendo que para impedi-la teria vindo pedir a consagração da Rússia ao seu Coração Imaculado e a comunhão reparadora nos primeiros sábados. Prometia, se tivessem escutado os seus pedidos, a conversão daquela nação e a paz. Senão anunciava a difusão dos seus erros no mundo, guerras, perseguições à santa Igreja, o martírio de muitos cristãos, várias perseguições e sofrimentos reservados à Vossa Santidade e a destruição de várias nações".

Depois de ter esclarecido que "até 1926, tudo permaneceu em segredo por ordem expressa de Nossa Senhora", Lúcia prosseguia:

---

[18]Ibidem, p. 153.
[19]Ibidem, p. 155-157.

"Em 1929, a Virgem Santíssima, em uma outra aparição, pediu a consagração da Rússia ao seu Coração Imaculado, prometendo com isso impedir a difusão dos seus erros e a sua conversão. Algum tempo depois informei o confessor sobre o pedido de Nossa Senhora. O reverendo fez muitos esforços para que isso acontecesse, fazendo chegar ao conhecimento de Sua Santidade PioXI. Em várias comunicações íntimas, Nosso Senhor não parou de insistir nesse pedido, prometendo, nos últimos momentos, se a Vossa Santidade tivesse a honra de fazer a consagração do mundo ao Coração Imaculado de Maria, com menção especial à Rússia, e ordenar que em união com a Vossa Santidade a fizessem contemporaneamente todos os bispos do mundo, diminuir os dias turbulentos, nos quais havia estabelecido punir as nações pelos seus delitos, com a guerra, a fome e várias perseguições à Igreja e à Vossa Santidade. Desculpe-me realmente, Santíssimo Padre, pelos sofrimentos de Vossa Santidade! E, farei o possível, com as minhas pobres orações e sacrifícios, procurar diminuir-lhe junto ao nosso bom Deus e ao Coração Imaculado de Maria. Se na união da minha alma com Deus não me enganei, Nosso Senhor promete, a respeito da consagração que os excelentíssimos prelados portugueses têm feito da nação ao Coração Imaculado de Maria (N.A.: em 1931 e em 1938), uma proteção especial à nossa pátria durante essa guerra; e que esta proteção será a prova das graças que concederá às outras nações, se essas forem também consagradas"[20].

Na noite de 25 de janeiro de 1938, em grande parte da Europa ficou marcada uma estranha luz no céu, que foi erroneamente definida como "aurora boreal". Lúcia havia compreendido que era a "luz desconhecida" chamada por Nossa Senhora em 13 de julho de 1917: "Teve a permissão de comunicar logo os seus temores ao bispo de Leiria. Consta que ela fez isso bem a tempo, escrevendo de Tuy na data de 18 de agosto de 1941: 'Vossa excelência não está no

---

[20]Ibidem, p. 158-159.

escuro pois, alguns anos atrás, Deus manifestou aquele sinal que os astrônomos quiseram designar com o nome de *'aurora borealis'*. Se eles tivessem estudado bem o fenômeno, veriam que não é, e não pode ser, na forma como aparece, similar a uma aurora. Mas seja como for, Deus se satisfaz ao me fazer saber que a sua justiça estava pronta a pôr a culpa nas nações golpistas, e que, ao mesmo tempo, começasse-se a pedir com insistência a comunhão reparadora dos primeiros sábados e a consagração da Rússia. O objetivo disso não é somente obter misericórdia e perdão por todo o mundo, mas particularmente pela Europa. Deus na sua infinita misericórdia, me fez sentir principalmente que esse terrível momento estava se aproximando, e vossa excelência se lembrará que em ocasiões oportunas eu havia sugerido. Ainda confirmo que as orações e as penitências, que fazem em Portugal, não têm ainda apaziguado a Justiça Divina, porque não são acompanhadas pela prece de arrependimento e correção'. Papa Pio XI foi sem dúvida informado disso. Irmã Maria Lúcia teve a permissão de escrever-lhe uma carta, que não foi publicada, mas uma pessoa digna de todo o crédito me deu certeza de ter visto uma cópia no início de 1939"[21].

Nesse período, chegou a Pio XII uma outra solicitação, sempre de Portugal, da mística estigmatizada Alexandrina Maria Da Costa (nascida em 1904 e falecida em 13 de outubro de 1955, beatificada em 25 de abril de 2004). A ela tinha sido confidenciado do Céu a tarefa de pedir ao Papa que consagrasse o mundo ao Coração Imaculado de Maria e, neste caso, Jesus havia expressado de modo convincente sobre o cumprimento do pedido: "Será esse o Papa que fará a consagração"[22], havia-lhe dito já em 20 de março de 1939, e em 22 de maio de 1942 havia confirmado: "O coração do Papa decidiu consagrar o mundo ao Coração de Maria. Todo o mundo é do Coração Divino de Jesus, tudo pertencerá ao Coração Imaculado de Maria"[23].

---

[21]William Thomas Walsh, *Madonna di Fatima*, Ancora - Nigrizia 1965, p. 298-299.
[22]Umberto Pasquale, *Alexandrina*, Libreria dottrina cristiana 1960, p. 113.
[23]Ibidem, p. 113-114.

O notável exorcista padre Gabriele Amorth, por um longo tempo diretor do periódico mensal *Madre di Dio* (Mãe de Deus), confirmou: "Aconteceu que os pedidos de Lúcia andaram de modo lento. Enquanto isso, apareceu um outro pedido, encaminhado ao Santo Padre, a obra de uma grande carismática, Alexandrina Da Costa: a consagração do mundo ao Coração Imaculado de Maria. Devido a complicados motivos os quais não posso dizer, este pedido se encaminhou mais rapidamente do que o de Lúcia, tanto que o próprio episcopado português foi quem a apresentou ao Santo Padre. O diretor espiritual de Lúcia, ciente do que os bispos estavam fazendo, aconselhou a freira de juntar-se ao pedido que tinha partido de Alexandrina da Costa. A irmã, tendo a permissão do Céu, acolheu a sugestão. Foi assim que ela escreveu a Pio XII, em 2 de dezembro de 1940, solicitando a consagração do mundo 'com menção particular à Rússia'"[24].

De fato, em 31 de outubro de 1942, Pio XII pronunciou uma radiomensagem em português na qual fazia uma alusão à Rússia: "Rainha do Santíssimo Rosário [...] ao vosso Coração Imaculado, nesta hora trágica da história humana, confiamo-nos e nos consagramos, não somente em união com a santa Igreja, corpo místico do vosso Jesus, que sofre e sangra em tantas partes e de tantas formas tribula, mas também com todo o mundo, inconsolável por ferozes discórdias, árido como em um incêncio de ódio, vítima da própria perversidade. [...] Aos povos separados pelo erro ou pela discórdia, e marcadamente àqueles que professam por vós singular devoção, e junto aos quais não possuíam casa onde não se mantivesse em honra a vossa venerável imagem (hoje talvez oculta e recolocada para dias melhores), dai a paz e reconduzi-os ao único cercado de Cristo, sob o único e verdadeiro pastor. [...] Já que ao Coração do vosso Jesus foram consagrados a Igreja e o gênero humano, para que, repondo nele cada esperança, ele fosse para eles sinal e penhor de vitória e salvação; assim também nós perpetuamente nos consagramos também a vós, ao vosso Coração Imaculado, ó Nossa Mãe

---

[24]*http://medjugorje.altervista.org/doc/pamorth/consacrazione.html.*

e Rainha do mundo; para que o vosso amor e patrocínio acelerem o triunfo do Reino de Deus, e todas as pessoas apaziguai entre eles e com Deus proclamem santa, e com vós entoem, de uma extremidade à outra, o eterno Magnificat de glória, amor, reconhecimento ao Coração de Jesus, no qual somente podem encontrar a verdade, a vida e a paz"[25].

Em relação a este ato de consagração, em 4 de maio de 1943, Lúcia escreveu ao padre Gonçalves que Deus "promete o fim da guerra dentro de pouco tempo, a respeito do ato que Sua Santidade dignou-se a fazer. Mas já que ficou incompleto, a conversão da Rússia foi adiada para mais tarde". E em 1946 esclare a Walsh: O que Nossa Senhora quer é que o Papa e todos os bispos do mundo em um dia especial consagrem a Rússia ao seu Coração Imaculado. Se isso não for feito, os erros da Rússia se difundirão em todos os países do mundo"[26]. Um importante esclarecimento a esse respeito chegou em 1976 pelo padre Joaquin Alonso, que devido ao próprio cargo de arquivista oficial de Fátima teve vários encontros com a vidente: "Poderemos afirmar que Lúcia sempre pensou que a 'conversão' da Rússia deve ser entendida somente como um retorno do povo russo à religião cristã-ortodoxa, rejeitando o ateísmo marxista e ateu dos Soviéticos, mas acima de tudo referindo-se simplesmente e claramente à conversão total e integral do retorno à única e verdadeira Igreja, a católica romana"[27].

Estreitamente conectada a Fátima é a anotação manuscrita de Pio XII, guardado no arquivo privado da família Pacelli. O dia 30 de outubro de 1950 correspondia a um dia antes da vigília do dia da solene definição do dogma da assunção corpórea da Virgem no Céu, proclamada em 1º de novembro em São Pedro. Por volta das quatro daquela tarde, o Pontífice fazia "o costumeiro passeio nos jardins vaticanos, lendo e estudando" e, em direção ao topo da colina, "fui surpreso por um fenômeno, que eu jamais havia visto. O sol, que estava ainda razoavelmente alto, aparecia como um globo opaco amarelo, todo circundado por um círculo

---

[25]*https://w2.vatican.va/content/pius-xii/it/speeches/1942/documents/hf_p-xii_spe_19421031_immaculata.html.*
[26]William Thomas Walsh, *Madonna di Fatima*, Ancora - Nigrizia 1965, p. 327.
[27]Joaquin Alonso, *La verdad sobre el secreto de Fatima*, Esercito Azul 1988, p. 78.

luminoso", que porém não impedia de nenhum modo de fixar o olhar "sem incômodo. Uma levíssima pequena nuvem encontrava-se diante dele". Prossegue o escrito: "O globo opaco movia-se da parte externa de modo muito leve, ou girando, ou deslocando-se da esquerda à direita e vice-versa. Mas no interior do globo, viam-se com toda clareza e sem interrupção, fortíssimos movimentos"[28]. Pio XII garantiu ter assistido ao mesmo fenômeno por outras três vezes: em 31 de outubro, em 1º e 8 de novembro. Em outubro do ano seguinte, o cardeal Federico Todeschini foi a Fátima para fechar celebrações do Ano Santo e na homilia fez algumas referências ao acontecimento.

Dez anos depois, antes da consagração, em 7 de julho de 1952 (uma data não casual, porque até 1970 era festa dos santos Cirillo e Metodio, os apóstolos dos eslavos), Pio XII tornou pública a Carta Apostólica *Sacro vergente anno*, com a qual consagrava a Rússia, nomeando-a explicitamente, ao Coração Imaculado de Maria, mas sem a prévia e unânime participação de todos os bispos (parece que essa condição não era de total conhecimento). Primeiramente explicou porque na consagração anterior havia omitido o nome da nação: "Jamais, também naquele tempo, saiu de nossa boca uma palavra que pudesse parecer injusta ou áspera a uma parte dos que estão em guerra. Certamente reprovamos, como se deveria, qualquer maldade e qualquer violação de direito; mas isso fizemos de maneira a evitar com toda a diligência tudo o que pudesse se tornar, embora injustamente, causa de maiores aflições para os povos oprimidos". Então elevou as preces: "Nós, portanto, a fim de serem respondidas mais facilmente as nossas e as vossas orações, e para dar-vos uma simples prova da nossa especial bondade, como há poucos anos fizemos consagrando todo o mundo ao Coração Imaculado da Virgem Mãe de Deus, assim, agora, de modo especialíssimo, consagramos todos os povos da Rússia ao mesmo Coração Imaculado"[29].

---

[28] *http://www.papapioxii.it/il-miracolo-del-sole.*
[29] *https://w2.vatican.va/content/pius-xii/it/apost_letters/documents/hf_p-xii_apl_19520707_sacro-vergente-anno.html.*

As reservas de João XXIII e de Paulo VI

Em 23 de maio de 1956, o então patriarca de Veneza Angelo Roncalli presidiu a solene peregrinação anual a Fátima e na homilia mostrou convicção sobre a globalidade das aparições aos três pequenos pastores (em parte, e em especial as angélicas, naquele tempo mantinha-se muito reservado): "O mistério de Fátima é comparado a um dos grandes trípticos de duas portas que enriquecem as nossas igrejas mais antigas. No interior do primeiro, as três aparições do Anjo de Portugal às três crianças de Aljustrel. No grande quadro do meio, as seis aparições da Senhora celeste na Cova da Iria. No terceiro, tudo o que se seguiu durante as misteriosas visões"[30].

Por isso, depois de sua eleição ao pontificado, a espera por novidades era muito forte. A decisão de não publicar a "terceira parte" do Segredo esfriou as expectativas, mas se acendeu uma luz quando, em 7 de setembro de 1960, o cotidiano católico português *Novidades* publicou um comunicado de Serviço de Informações do Santuário de Fátima: "Segundo uma comunicação recebida de Roma, Sua Santidade o Papa João XXIII manifestou a intenção de renovar, em 13 de outubro seguinte, a consagração do mundo e em especial da Rússia ao Coração Imaculado de Maria, em união com todos os bispos do mundo, como Nossa Senhora de Fátima havia pedido. Fez isso utilizando a fórmula de consagração composta por Papa Pio XII"[31]. Fontes da época afirmaram que a promessa foi feita diretamente pelo Pontífice ao bispo de Leiria João Pereira Venâncio. A notícia, depois de poucas semanas, veio porém desmentida pelos fatos: os prelados e os inúmeros devotos presentes no santuário recitaram as palavras de consagração, mas do Papa Roncalli chegou somente um telegrama com a benção apostólica pelos pelegrinos.

---

[30]Luciano Guerra, *Giovanni XXIII e Fatima*, in Carlos Moreira Azevedo - Luciano Cristino, *Enciclopedia di Fatima*, Cantagalli 2010, p. 186-187.
[31]Michel de la Sainte Trinité, *The whole truth about Fatima*, Volume III - Parte II - Capítulo 3.

Paulo VI, eleito Papa em 21 de junho de 1963, levou adiante os trabalhos do Concílio do Vaticano II e no discurso de fechamento da terceira sessão, em 21 de novembro de 1964, declarou Maria Santíssima "Mãe da Igreja, isto é, de todo o povo cristão, tanto dos fiéis como dos pastores, que a chamam de Mãe amada". Portanto lembrou--se do gesto de Pio XII, que havia consagrado o mundo ao Coração Imaculado da Virgem Maria, mas não aderiu ao pedido que em 3 de fevereiro anterior lhe havia sido submetido pelo arcebispo brasileiro de Diamantina Geraldo de Proença Sigaud, em nome de 510 padres conciliares de 78 nações a fim de consagrar de modo especial a Rússia.

Prosseguiu o Pontífice: "Acreditamos ser justo comemorar hoje de modo especial este santíssimo ato de religião. Movidos pelo mesmo impulso, decidimos enviar uma Rosa de ouro, por meio de uma delegação, de especial constituição, ao templo de Fátima, não somente querido pela nobre nação portuguesa – que sempre, e especialmente hoje é preferida por nós –, mas já conhecido e venerado pelos fiéis de toda a comunidade católica. Com esse gesto, também nós confiamos à celeste tutela de Maria a proteção de toda a humanidade, e lhe apresentamos todas as suas dificuldades e ansiedades, as exatas aspirações e ardentes esperanças".

Esta foi a invocação de Papa Montini: "Ao teu Coração Imaculado, ó Virgem Mãe de Deus, entregamos todo o gênero humano, conduza-o a reconhecer Jesus Cristo, único e verdadeiro salvador, preserve-o das desventuras que os pecados o chamam, e lhes doe a paz, que se funda na verdade, na justiça, na verdade e no amor"[32]. A Rosa de ouro foi posta no santuário em 13 de maio de 1965 pelo cardeal Fernando Cento, enviado do Papa, deixando assim irmã Lúcia muito feliz, como testemunha na carta que escreveu a Paulo VI a fim de agradecer-lhe "pela devoção com a qual se dignou a honrar Nossa Senhora de Fátima"[33].

---

[32]*http://w2.vatican.va/content/paul-vi/it/speeches/1964/documents/hf_p-vi_spe_19641121_conclusions-iii-sessions.html*.
[33]Carmelo di Coimbra, *Un cammino sotto lo sguardo di Maria*, Edizioni Ocd 2014, p. 435.

Apesar de em 15 de abril de 1967 ter nomeado o cardeal José da Costa Nuñes seu legado para as celebrações do 50° das aparições e do 25° da consagração do mundo ao Coração Imaculado de Maria, com uma decisão improvisada e muito pessoal, Paulo VI anunciou publicamente, na Audiência geral de 3 de maio, que ele iria a Fátima em 13 de maio. O arcebispo de Coimbra havia dado uma luz a Lúcia sobre a possibilidade de encontrar o Papa, mas não aconteceu: "Ao fim da celebração eucarística alguém convidou a pastora a se aproximar do Santo Padre, que lhe estendeu os braços dizendo em italiano: *'Vieni figliola mia, vieni'* ('Venha, filha minha, venha'). Irmã Lúcia com grande emoção beijou os sapatos do Santo Padre e depois o anel. Sua Santidade disse que havia recebido a sua carta do mês de abril e sem posteriores explicações lhe disse para falar com o seu bispo sobre o argumento tratado e para lhe obedecer. Quando pediu para lhe falar de modo particular ouviu somente um 'não' que não admitia réplicas. Ao lado dele, encontrava-se o bispo de Leiria, que, pensando que irmã Lúcia não tivesse compreendido as palavras do Santo Padre, disse-lhe: 'O Santo Padre diz para dizer a mim o que quer dizer à Sua Santidade e eu lhe transmito'. E o Santo Padre rebateu: 'Isso mesmo'"[34].

Na homilia da Missa no santuário, Paulo VI esclareceu que um dos motivos que o havia conduzido a Fátima era a intenção de rezar pela Igreja: "O Concílio ecumênico despertou muitas energias no seio da Igreja, ampliou as visões no campo da sua doutrina, chamou todos os seus filhos à mais clara consciência, à colaboração mais íntima, ao mais alegre apostolado. É muito importante a nós que se conservem e cresçam tanto o benefício como a renovação. Qual seria o dano se uma interpretação arbitrária e não autorizada pelo magistério da Igreja fizesse desse despertar uma inquietude dissolvedora do seu tradicional e constitucional conjunto, substituísse a teologia dos verdadeiros e grandes mestres por ideologias novas e particulares,

---

[34]Ibidem, p. 439.

que pretendem tirar da norma da fé a relação com o pensamento moderno, desprovida frequentemente de luz racional, que não compreende ou não lhe agrada, e tornasse muda a ânsia apostólica da caridade redentora na conivência às formas negativas da mentalidade profana e do costume mundano! Que desilusão teria o nosso esforço de aproximação universal se não oferecesse aos irmãos cristãos, até então por nós divididos, e à humanidade desprivida da nossa fé na sua franca autenticidade e na sua original beleza, o patrimônio de verdade de caridade, da qual a igreja é depositária e dispensadora!".

Nessa ocasião, a consagração da Rússia não foi pronunciada novamente, mas Paulo VI lembrou "que naqueles países onde a liberdade religiosa é praticamente oprimida e a negação de Deus é promovida, seja representada a verdade dos tempos novos e a libertação dos povos, enquanto ainda não é. Nós rezamos por esses países; nós rezamos pelos fiéis irmãos daquelas nações, a fim de que a íntima força de Deus os sustente e a que verdadeira e civil liberdade lhes seja concedida"[35].

Enquanto ocorria a peregrinação a Fátima, foi publicada uma exortação apostólica *Signum magnum magnum* "sobre a necessidade de venerar e imitar a Santa Virgem Maria, Mãe da Igreja e exemplo de todas as virtudes". Nesta exortação, o Papa Montini convidava todos os fiéis ao gesto pessoal de consagração: "Porque este ano lembra o XXV aniversário da solene consagração da Igreja e do gênero humano a Maria, Mãe de Deus, e ao seu Coração Imaculado, feita por nosso predecessor Pio XII em 31 de outubro de 1942 – consagração que nós mesmos renovamos em 21 de novembro de 1964 – exortemos a todos os filhos da Igreja a renovar pessoalmente a própria consagração ao Coração Imaculado da Mãe da Igreja, e a viver esse nobre ato de culto com uma vida sempre mais de acordo com a divina vontade, em um espírito filial e de devota imitação da sua Rainha celeste"[36].

---

[35]*https://w2.vatican.va/content/paul-vi/it/homilies/1967/documents/hf_p-vi_hom_19670513.pdf.*
[36]*http://w2.vatican.va/content/paul-vi/it/apost_exhortations/documents/hf_p-vi_ exh_19670513_signum-magnum.html.*

A entrevista de João Paulo I

Quando era ainda patriarca de Veneza, em julho de 1917, o cardeal Albino Luciani participou de uma peregrinação a Fátima e, no dia 11, celebrou a Missa na capela das Carmelitas de Coimbra. Ao final, a coordenadora da viagem Luisa Vannini contou, "irmã Lúcia disse à madre superiora que desejava ardentemente falar com o patriarca"[37]. O cardeal entrou no local da clausura e ficou por horas sozinho com a religiosa.

Depois de algum tempo, fez um resumo daquela entrevista, publicado em janeiro de 1978, na revista do Apostolado mundial de Fátima *Il Cuore della Madre* (O Coração da Mãe): " Eu entendo um pouco o português por ter estado – após estudo muito escasso – por algumas semanas no Brasil; se tivesse feito uma imersão naquela língua, eu teria entendido o mesmo que a pequena freira, que insistia comigo sobre a necessidade de ter hoje cristãos, e especialmente seminaristas, noviços e noviças, decididos seriamente a serem de Deus sem reservas. Com tanta energia e convicção, falou-me de 'freiras, padres e cristãos de cabeça firme'. Radical como os santos: 'ou tudo ou nada', se quer ser de Deus seriamente. Das aparições irmã Lúcia não me falou. Eu lhe perguntei somente algo sobre a famosa 'dança do sol'. Não a viu. [...] A este ponto alguém perguntará: um cardeal se interessa por revelações particulares? Ele não sabe que o Evangelho sabe de tudo? Que as revelações mesmo aprovadas não são artigos de fé? Sabe muito bem. Mas no artigo de fé, contido no Evangelho, consta isso: que 'Estes são os sinais que acompanharão os que creem' (Marcos 16,17)"[38].

Eleito Papa em 26 de agosto de 1978 com o nome de João Paulo I, morreu de repente na noite entre 28 e 29 de setembro, depois de 33 dias no pontificado. E vários indícios fizeram crer que ele havia recebido de irmã Lúcia um prenúncio sobre o que aconteceria. Voltando àquele 11

---

[37]Marco Roncalli, *Giovanni Paolo I*, San Paolo 2012, p. 498.
[38]Tarcisio Bertone - Giuseppe De Carli, *L'ultimo segreto di Fatima*, RaiEri - Bur 2010, p. 80-81.

de julho de 1977, Luisa Vannini comemorou: "Notei uma forte palidez e uma viva emoção em seu rosto. Disse-me: 'Devo voltar a Fátima, quero falar com Nossa Senhora'. Disse mesmo *falar*: 'Irmã Lúcia deixou-me um forte pensamento no coração...'"[39]. A Ugo Padoan, o mesmo Luciani confidenciou: "Continuava a me chamar 'Santidade' e, quanto mais eu dizia que era um simples cardeal, mais ela se dirigia a mim com grande respeito, e inclinando-se me dizia 'Santidade'!"[40]

Para muitos, um indício significativo é o fato de irmã Lúcia representar com letra maiúscula o termo "vestido de Branco", querendo quase referir-se ao nome de Luciani, Albino. O cardeal Tarcisio Bertone, narrando o encontro que ele teve com a vidente em 9 de dezembro de 2003, declarou ter feito "uma pergunta muito direta a irmã Lúcia e a resposta foi que não se lembrava de ter feito uma profecia semelhante". Porém citou uma significativa confidência: "Comentando a visita do cardeal Luciani em comunidade lhe foi natural exclamar: 'Se for eleito Papa, parece-me que será um bom Papa'"[41].

Por parte do próprio irmão Eduardo, este expressou com clareza sua crença: "Estou cada vez mais convencido de que Albino sabia antecipadamente que o seu pontificado duraria pouco tempo, e por isso não concebeu programas a longo prazo. Acredito que o seu presságio de morte repentina, de Papa, estivesse ligado a uma longa entrevista que Albino havia tido com a única vidente de Fátima ainda em vida. [...] Meu irmão saiu chateado. Cada vez que nos encontrava, ao acenar, apresentava a face pálida. Como se um pensamento obscuro o incomodasse profundamente. Todos nós ficamos sempre impressionados. Agora, após o fato, revendo todos os acenos feitos por meu irmão em vários encontros, tudo se torna mais claro. Naquele dia a vidente lhe disse algo que dizia respeito não somente à Igreja, mas também à sua vida, ao destino que Deus lhe preparava.[42]

---

[39]Marco Roncalli, *Giovanni Paolo I*, San Paolo 2012, p. 499.

[40]Ibidem.

[41]Tarcisio Bertone - Giuseppe De Carli, *L'ultimo segreto di Fatima*, RaiEri - Bur 2010, p. 82-83.

[42]Testeunho coletado por Lucio Brunelli e publicado no semanário *Il Sabato* (*O Sábado*) de 28 de agosto de 1993.

O disparo contra João Paulo II

"Um dia o cardeal Deskur (N.A.: desde a juventude considerado um dos melhores amigos de João Paulo II) foi a Portugal e visitou irmã Lúcia de Fátima. Ao fim do encontro, ele perguntou se poderia levar uma mensagem ao Santo Padre por parte de Nossa Senhora. Irmã Lúcia respondeu: 'Não, não, Nossa Senhora pensa por si mesma sobre isso...'"[43]. A ligação mística entre a vidente e Papa Wojtyla, embora desconhecida nos detalhes, teve certamente grande relevância na vida dos dois. Para se perceber isso, basta olhar o afeto que transparecem nas fotografias em que se mostram juntos por ocasião das peregrinações de João Paulo II em Fátima.

A devoção mariana tinha caracterizado Karol Wojtyla desde criança e, depois da morte da mãe, havia pedido à Virgem Santíssima para ser sua mãe. Deste modo não foi um problema associar o atentado de 13 de maio de 1981 e atribuir a proteção recebida naquele momento à intervenção da Virgem: "Foi uma mão materna a guiar a trajetória da bala, e o Papa agonizante, transportado ao policlínico Gemelli, parou ao pé da morte"[44]. Há uma história muito significativa a esse respeito. Em 1991, décimo aniversário do atentado, João Paulo II foi a Fátima para agradecer a Nossa Senhora: "No momento da saudação, antes de iniciar a Missa, um dos cardeais, presentes dirigiu-se a ele dizendo: 'Santo Padre, as minhas cordiais felicitações pelo seu aniversário!' O Papa escutou aquelas palavras e prosseguiu, depois se virou, voltou seus passos e respondeu: 'Ela tem mesmo razão, a primeira vida me foi dada, a segunda me foi doada há dez anos'"[45]. Uma doação a qual havia tomado o hábito de celebrar, na tarde de cada 13 de maio na hora do atentado, uma santa Missa de agradecimento na capela privada e que de maneira ideal retribuiu concedendo ao santuário a bala que o tinha atingido, hoje inserida na coroa de Nossa Senhora.

---

[43]Antonio Socci, *I segreti di Karol Wojtyla*, Rizzoli 2009, p. 60.
[44]*https://w2.vatican.va/content/john-paul-ii/it/messages/pont_messages/1994/documents/hf_jp-ii_mes_19940513_episcopato-italiano.html*.
[45]Slawomir Oder - Saverio Gaeta, *Perché è santo*, Rizzoli 2010, p. 94-95.

Tinha sido já programada para o dia 7 de junho de 1981 uma celebração na basílica de Santa Maria Maior, por ocasião dos 1600 anos do primeiro Concílio de Constantinopla e dos 1550 anos do Concílio de Éfeso. A indicação que o Pontífice deu do Policlínico Gemelli aos colaboradores que estavam preparando o rascunho do seu discurso foi subdividi-lo em três partes: respectivamente, de veneração, de agradecimento e de confiança a Nossa Senhora. As condições de saúde não lhe permitiram estar presente, mas a sua voz gravada ressoou na basílica: "Ó Mãe dos homens e dos povos, tu conheces todos os seus sofrimentos e as suas esperanças, tu sentes maternalmente todas as lutas entre o bem e o mal, entre a luz e as trevas que estremecem o mundo – acolhes o nosso grito dirigido ao Espírito Santo diretamente em teu coração e abraças com o amor da Mãe e da Serva do Senhor aqueles que mais esperam este abraço, e junto a eles em quem tens confiança respondes de modo particular. Tomas sob a tua proteção materna a família humana inteira que, com afeto por meio de ti, ó Mãe, nós confiamos. Aproxima-se a todos o tempo da paz e da liberdade, o tempo da verdade, da justiça e da esperança"[46].

No primeiro aniversário do atentado em 13 de maio de 1982, João Paulo II quis cumprir uma peregrinação de agradecimento a Fátima e na homilia da Missa no santuário explicou: "Venho portanto aqui hoje porque neste mesmo dia do ano passado, na praça de São Pedro em Roma, verificou-se o atentado à vida do Papa, misteriosamente coincidido com o aniversário da primeira aparição de Fátima, que se realizou em 13 de maio de 1917. Essas datas coincidiram de modo tal que me pareceu indicar um chamado especial para vir aqui. E eis que hoje estou aqui. Vim agradecer à Divina Providência neste lugar que a Mãe de Deus parece ter escolhido assim de modo tão especial"[47].

Papa Wojtyla prometeu novamente tentar uma resposta ao então antigo pedido de Nossa Senhora a respeito da consagração da Rússia

---

[46]https://w2.vatican.va/content/john-paul-ii/it/speeches/1981/june/documents/hf_jp_ii_spe_19810607_costantinopoli-efeso.html.
[47]https://w2.vatican.va/content/john-paul-ii/it/homilies/1982/documents/hf_jp-ii_hom_19820513_fatima.html.

ao seu Coração Imaculado, apesar de opiniões contrárias de alguns de seus colaboradores que, assim como o secretário de Estado vaticano, o cardeal Agostino Casaroli, estavam decididamente orientados a referida 'Ostpolitik', isto é, uma abertura de política cautelosa ao bloco comunista soviético. Entre mil recomendações, pronunciou uma oração de confiança e de consagração à Virgem que dizia entre outras coisas: "Estou aqui, unido a todos os Pastores da Igreja e com um vínculo particular, mediante o qual constituímos um corpo e colégio, assim como Cristo quis os apóstolos em unidade com Pedro. No vínculo de tal unidade, pronuncio as palavras do presente ato, o qual desejo concluir, ainda uma vez, as esperanças e as angústias da Igreja no mundo contemporâneo. Quarenta anos atrás e dez anos depois ainda o teu servo, o Papa Pio XII, tendo diante dos olhos as dolorosas experiências da família humana, confiou e consagrou ao teu Coração Imaculado todo o mundo e especialmente os povos que de modo especial faziam parte do teu amor e da tua solicitude. Tenho diante dos meus olhos hoje este mundo dos homens e das nações, no momento em que desejo renovar a confiança e a consagração cumprida pelo meu antecessor na Sede de Pedro: o mundo do segundo milênio que está para terminar, o mundo contemporâneo, o nosso mundo atual! [...] Acolhe o nosso grito que, movidos pelo Espírito Santo, dirigimos diretamente a teu Coração e abraça, com o amor da Mãe e da Serva, este nosso mundo humano, que confiamos a ti e consagramos, plenos de inquietação pelo destino terreno e eterno dos homens e dos povos. De modo especial, confiamos a ti e consagramos aqueles homens e aquelas nações, que desta confiança e desta consagração têm necessidade especial".

Prosseguiu a sua sincera invocação: "Diante de ti, Mãe de Cristo, diante do teu Coração Imaculado, eu desejo hoje, junto a toda a Igreja, unir-me com o Redentor nosso nesta sua consagração pelo mundo e pelos homens, a qual somente no seu Coração divino tem o poder de obter o perdão e de buscar a reparação. O poder desta consagração dura por todos os tempos e abraça todos os homens, os povos e as nações, e supera todos os males, que o espírito das trevas é capaz de despertar no coração do homem e na sua história e que, de fato, despertou nos nossos tempos. A esta consagração do nosso Redentor, mediante o serviço do sucessor de Pedro, une-se a Igreja, Corpo místico de Cristo. [...] Confiando-te, ó Mãe, o mundo, todos os homens e todos os povos, confiamos a ti também a mesma consagração pelo mundo, colocando-a no teu Coração materno. Ó, Coração Imaculado! Ajuda-nos a vencer a ameaça do mal, que tão facilmente se infiltra nos corações dos mesmos homens de hoje, e que de acordo com seus incomensuráveis efeitos, já agrava a situação sobre a nossa contemporaneidade e parece fechar as vias do futuro! Da fome e da guerra, livra-nos! Da guerra nuclear, de uma autodestruição incalculável, de todo o tipo de guerra, livra-nos! Dos pecados contra a vida do homem desde o amanhecer, livra-nos!"[48].

Durante cerca de trinta minutos de encontro privado que o Papa teve com irmã Lúcia na Casa de retiros, soube-se, em seguida, que a vidente "havia insistido com o Pontífice a fim de que ele consagrasse, junto a todos os bispos do mundo, a Rússia e o mundo ao Coração Imaculado de Maria, assim como Nossa Senhora lhe havia pedido durante as visões"[49]. João Paulo II estava ciente de que o pedido da Virgem não tinha sido correspondido, foi explícito desde a primeira Audiência geral depois de sua viagem de retorno, em 19 de maio de 1982, quando afirmou publicamente: "No ato final de confiança procurei fazer tudo o que nas circunstâncias concretas se poderia fazer, para pôr em evidência a unidade colegial do Bispo de Roma com todos os irmãos no ministério e serviço episcopal do mundo"[50].

Havia já esclarecido no texto publicado em 12 de maio antecedente no jornal do Vaticano *L'Osservatore Romano*, que retomava o encontro de 5 de agosto de 1978 de irmã Lúcia com o salesiano Umberto

---

[48]*https://w2.vatican.va/content/john-paul-ii/it/speeches/1982/may/documents/hf_jp-ii_spe_19820513_vergine-fatima.html*.

[49]Armando dos Santos Martins, *Visite papali*, in Carlos Moreira Azevedo - Luciano Cristino, *Enciclopedia di Fatima*, Cantagalli 2010, p. 564.

[50]*https://w2.vatican.va/content/john-paul-ii/it/audiences/1982/documents/hf_jp-ii_aud_19820519.html*.

Pasquale: "A certo ponto, perguntei-lhe: 'Irmã, gostaria de lhe fazer uma pergunta; se a senhora não puder responder, que assim seja! Mas se puder, ser-lhe-ei muito grato se me explicar um ponto que não está claro para muita gente... Nossa Senhora de Fátima lhe falou alguma vez sobre a consagração do mundo ao seu Coração Imaculado?' 'Não, padre Umberto! Nunca! Na Cova da Iria, em 1917, Nossa Senhora havia prometido: 'Voltarei para pedir a consagração da Rússia'. Em 1929, em Tuy, como já prometido, Nossa Senhora voltou para me dizer que havia chegado o momento no qual o Santo Padre pudesse consagrar aquela nação (a Rússia)'"[51]. A vidente havia expedido a padre Pasquale, em 13 de abril de 1980, uma carta na qual determinava: "Para responder à sua pergunta quero esclarecer: Nossa Senhora de Fátima, no seu pedido, fez referência somente à consagração da Rússia. Na carta que escrevi ao Santo Padre Pio XII, a pedido do meu confessor, pedi a consagração do mundo com menção particular à Rússia"[52].

Em 16 de outubro de 1983, no Angelus dominical com a presença dos bispos reunidos em Roma para o sínodo sobre reconciliação e penitência, João Paulo II pronunciou uma invocação a Maria na qual antecipava alguns temas da consagração que pretendia desenvolver no ano seguinte. Disse entre outras coisas: "De modo especial confiamos a ti e consagramos aqueles homens e aquelas nações, que têm especial necessidade desta confiança e desta consagração. [...] Diante de ti, Mãe de Cristo, diante do teu Coração Imaculado, eu desejo hoje, junto a toda a Igreja, unir-me com o Nosso Redentor nesta consagração pelo mundo e pelos homens, a qual somente no seu Coração divino tem o poder de obter o perdão e de efetuar a reparação"[53]. Portanto, em 8 de dezembro de 1983, o Papa Wojtyla enviou a todos os bispos do mundo o texto da consagração que teria lido em 25 de março de 1984, com a motivação do gesto e

---

[51]No 'L'Osservatore Romano', 12 de maio de 1982.
[52]A fotografia do manuscrito é reproduzida em Paul Kramer, *La battaglia finale del diavolo*, Good Counsel Publications 2010, p. 123.
[53]*http://w2.vatican.va/content/john-paul-ii/it/angelus/1983/documents/hf_jp-ii_ang_19831016.html.*

um pedido certo: "Não posso diminuir a certeza de que o repetir deste ato no decorrer do Ano do Jubileu da Redenção corresponda às expectativas de muitos corações humanos, que desejam renovar à Virgem Maria o testemunho da sua devoção e de lhe confiar as aflições pelos múltiplos males do presente, os temores pelas ameaças que incutem os acontecimentos, as preocupações pela paz e a justiça nas humildes nações e no mundo inteiro. [...] Serei grato se em tal dia (em 24 ou 25 de março) gostardes de renovar este ato junto a mim, escolhendo o modo como cada um de vós considerar mais apto"[54].

Em 25 de março de 1984, diante da estátua de Nossa Senhora proveniente de Fátima, ao final da Missa pelo Jubileu das famílias, o Pontífice determinou primeiramente: "Encontramo-nos unidos com todos os pastores da Igreja, com um vínculo especial, constituindo um corpo e um colégio, assim como por vontade de Cristo os apóstolos constituíam um corpo e um colégio com Pedro. No vínculo de tal unidade, pronunciamos as palavras do presente ato, com o qual desejamos concluir, ainda uma vez, as esperanças e as angústias da Igreja pelo mundo contemporâneo". Portanto pronunciou: "Abraça, com amor de mãe e de serva do Senhor, este nosso mundo humano, que te confiamos e consagramos, plenos de inquietude pelo destino terreno e eterno dos homens e dos povos. De modo especial te confiamos e consagramos aqueles homens e aquelas nações, que têm necessidade desta confiança e desta consagração. [...] Eis que, encontrando-nos diante de ti, Mãe de Cristo, diante do teu Coração Imaculado, desejamos, juntos com toda a Igreja, unir-nos à consagração que, por amor nosso, o teu Filho doou-se a seu Pai: 'E por eles me santifico a mim mesmo, a fim de que também eles sejam santificados na verdade' (João 17,19). Queremos nos unir ao nosso Redentor nesta consagração pelo mundo e pelos homens, à qual, no seu coração divino, tem o poder de obter o perdão e de efetuar a

---

[54]*https://w2.vatican.va/content/john-paul-ii/it/letters/1983/documents/hf_jp-ii_let_19831208_vescovi-immacolata-concezione.html.*

reparação. O poder desta consagração dura por todos os tempos e abraça todos os homens, os povos e as nações, e supera todo o mal, que o espírito das trevas é capaz de despertar no coração do homem e na sua história e que, de fato, despertou nos nossos tempos. Ó, como sentimos profundamente a necessidade de consagração pela humanidade e pelo mundo: pelo nosso mundo contemporâneo, em união com o próprio Cristo! [...] Mãe da Igreja! Ilumina o povo de Deus nas estradas da fé, da esperança e da caridade! *Ilumina especialmente os povos de quem tu esperas a nossa consagração e a nossa confiança.* Ajuda-nos a viver na verdade da consagração de Cristo pela inteira família humana do mundo contemporâneo. Confiando-te, ó Mãe, o mundo, todos os homens e todos os povos, confiamos a ti também a mesma consagração do mundo, colocando-a no teu coração materno. Ó, Coração Imaculado! Ajuda-nos a vencer a ameaça do mal, que tão facilmente se infiltra nos corações dos homens de hoje, com seus incomensuráveis efeitos que se agravam na vida presente e parece fechar as vias do futuro.

Papa Wojtyla cumpriu a missão?

A partir daquele momento, a respeito da correspondência de tal consagração com os pedidos de Nossa Senhora de Fátima, desenvolveu-se uma polêmica que até então passa por fortíssimas contraposições. As principais objeções da "frente do não" sobre o fato de que o próprio João Paulo II continuou a manifestar a consciência de que ficava ainda algo sob suspeita, adicionando ao texto enviado aos bispos uma posterior, indicativa, frase (que anteriormente evidenciamos em itálico): "Ilumina especialmente os povos de quem tu esperas a nossa consagração e a nossa confiança"; e na tarde daquele mesmo 25 de março, na invocação da "despedida" da estátua de Nossa Senhora de Fátima, sublinhando que naquela manhã tinha ocorrido um "solene, profundamente sentido, diria sofrido, ato de confiança" e que este gesto tinha sido "o ato de confiança, da consagração do mundo, da grande família humana, de todos os povos, especialmente daqueles que têm tanta necessidade desta consagração, desta confiança, daqueles povos pelos quais tu mesma esperas a nossa consagração e confiança. Tudo isso pudemos fazer segundo as nossas pobres, humanas, possibilidades, na dimensão da nossa fraqueza humana. Mas com uma fé enorme no teu amor materno, com uma fé enorme na tua solicitude materna"[55].

A questão não resolvida é de fato por que João Paulo II, algumas horas depois de ter pronunciado o ato da manhã, tivesse especificado "daqueles povos pelos quais tu mesma espera o nosso ato de consagração e de confiança". Além do mais, diferentes testemunhos de irmã Lúcia atestariam a sua certeza que o ato não fora feito corretamente. Um exemplo é a entrevista publicada no *Sol de Fátima*, a publicação da associação Blue Army espanhola (hoje Apostolado Mundial de Fátima), na qual a vidente afirmou que não tinha sido cumprido o pedido em Tuy porque "não teve a participação de todos os bispos e não fora mencionada a Rússia"[56].

Entre 29 de agosto de 1989 e 3 de julho de 1990, com cinco cartas escritas a máquina e assinadas por irmã Lúcia (sobre as quais ainda pairam controvérsias quanto à autenticidade), a "frente do sim" teve alguns pontos de apoio. Em especial, uma das epístolas, datada de 29 de novembro de 1989, foi citada na conferência de imprensa de 26 de junho de 2000 pelo arcebispo Bertone: "Irmã Lúcia confirmou pessoalmente que tal ato solene e universal de consagração correspondia ao quanto queria Nossa Senhora ('Sim, foi feita, assim como Nossa Senhora havia pedido, em 25 de março de 1984': carta de 8 de novembro de 1989)"[57]. Em ambas as edições do seu livro-entrevista afirmará mesmo que o destinatário era o Papa[58], mas na realidade a data

---

[55]*http://w2.vatican.va/content/john-paul-ii/it/speeches/1984/march/documents/hf_jp-ii_spe_19840325_statua-fatima.html*.

[56]'Sol de Fatima', settembre 1985, citado in Paul Kramer, *La battaglia finale del diavolo*, Good Counsel Publications 2010, p. 124.

[57]*http://www.vatican.va/roman_curia/congregations/cfaith/documents/rc_con_cfaith_doc_20000626_message-fatima_it.html*.

[58]Tarcisio Bertone - Giuseppe De Carli, *L'ultima veggente di Fatima*, RaiEri - Rizzoli 2007, p. 94; Tarcisio Bertone - Giuseppe De Carli, *L'ultimo segreto di Fatima*, RaiEri - Bur 2010, p. 104.

havia indicado aos especialistas de Fátima que se tratava do texto enviado ao senhor Walter M. Noelker, no qual os críticos põem em relevância um grave erro, onde é mencionado que "o Santo Padre Paulo VI fez a consagração em Fátima em 13 de maio de 1967"[59], fato que absolutamente não aconteceu.

Em uma entrevista a *Famiglia Cristiana*, em 2 de julho de 2000, o bispo Pavol Hnilica detalhou um importante episódio do qual havia sido protagonista, em 25 de março de 1984: "Vai a Kremlin em visita como turista e quando voltares anuncia que celebrou lá dentro uma Missa em segredo". Viaja então para Fátima: "Fui ao encontro de irmã Lúcia para lhe perguntar se o ato era válido, segundo o desejo de Nossa Senhora. Sabíamos que muitos bispos não estavam de acordo. A sua resposta foi que o ato era válido, mas incompleto, e que todavia Deus estava contente, porque o Santo Padre havia feito tudo quanto possível"[60]. Chegou uma declaração oficial em 2002 por parte do sacerdote salesiano José Dos Santos Valinho, sobrinho de irmã Lúcia e autorizado a lhe fazer visita periodicamente, que respondeu da seguinte forma durante uma entrevista televisiva: "Perguntei à minha tia se a consagração tinha sido considerada realizada, e respondeu-me, pessoalmente, que sim, que agora o céu estava satisfeito, que era justamente aquilo que se pedia, a consagração da Rússia"[61]. Em uma entrevista ao jornal *La Repubblica*, de 17 de fevereiro de 2005, o cardeal Bertone revelou posteriormente um detalhe (ao levantar outra questão sobre por que ele não tinha comunicado antes da morte da vidente): "Lúcia teve uma visão em 1984, a última 'pública' da qual nunca se falou, durante a qual Nossa Senhora lhe agradecia pela consagração em seu nome"[62]. Naquela circunstância a vidente teria tido a confirmação de que a consagração havia sido válida.

Em um livro publicado depois de sua morte, irmã Lúcia confirmou claramente a validade da consagração de 1984: "Esta consagração foi

---

[59]*http://www.catholicvoice.co.uk/fatima4/ch11.htm#465*.

[60]*http://www.stpauls.it/fc00/0026fc/0026fc36.htm*.

[61]Marco Tosatti, *La profezia di Fatima*, Piemme 2007, p. 169-170.

[62]*http://ricerca.repubblica.it/repubblica/archivio/repubblica/2005/02/17/bertone-fatima-mistero-chiarito-ma-quella-profezia.html*.

feita publicamente pelo Santo Padre João Paulo II em Roma, em 25 de março de 1984, diante da estátua de Nossa Senhora que se venera na pequena capela das aparições na Cova da Iria, em Fátima. O Santo Padre, depois de ter escrito a todos os bispos do mundo pedindo que se unissem a ele neste ato de consagração que estava por se realizar, e que o fez vir a Roma, de propósito, para pôr em evidência que a consagração que estava para cumprir diante dessa estátua correspondia exatamente à solicitação de Nossa Senhora, em Fátima. Todos sabem que se encontrava em um dos momentos mais críticos da história da humanidade. As grandes potências, hostis entre elas, projetavam uma grande guerra nuclear e preparavam-se para isso, fato que teria destruído o mundo, se não totalmente, uma boa parte. O que restaria, qual possibilidade de sobrevivência teria tido? E quem teria sido capaz de induzir aqueles homens arrogantes, fixos nos seus planos e projetos de guerra, nas suas ideias violentas e ideologias ateias, escravizantes e dominadoras, em que acreditavam os senhores do mundo inteiro, quem teria sido capaz de induzi-los a comandar tudo isso? [...] Quem, se não Deus, poderia ser capaz de agir sobre essas inteligências, sobre essas vontades, sobre essas consciências, de modo a levá-las a uma mudança, sem medo, sem temer revoltas por parte delas e dos estrangeiros? Somente a força de Deus, que agiu, levando todos a aceitar tal mudança, na paz, sem revoltas, sem oposições e sem condições"[63].

Já em uma controversa entrevista com Carlos Evaristo, realizada em 11 de outubro de 1992, irmã Lúcia tinha afirmado que "quando estávamos às margens de uma guerra nuclear, estes projetos de guerra que as nações estavam fazendo todos de uma vez, de um momento para outro, enquanto o Santo Padre fazia a consagração, estes projetos de guerra... mudaram todos! A consagração de 1984 impediu uma guerra atômica que deveria explodir em 1985"[64].

---

[63]Suor Lucia, *Come vedo il Messaggio nel corso del tempo e degli avvenimenti*, Secretariado dos pastorinhos 2006, p. 53-54.
[64]*http://fatima.org/it/crusader/cr57/cr57pg3.asp*.

De fato, na documentação da problemática daquele período, consta o *Bollettino degli scienziati atomici* (Boletim dos cientistas atômicos) que, com o famoso "relógio do apocalipse", marcava visivelmente quantos minutos faltavam exatamente para a meia-noite, isto é, para o holocausto nuclear. De 1947 até hoje, com exceção do pico mínimo de 2 minutos em 1953 (quando EUA e URSS desenvolveram a bomba de hidrogênio), foram indicados, em 1949, os 3 minutos para o apocalipse (depois do primeiro teste nuclear da URSS) e atualmente a partir de 2015 ("A probabilidade de uma catástrofe global é muito alta, e devem ser retomadas imediatamente as ações necessárias para reduzir os riscos de um desatre "[65], escrevem os cientistas), e além disso em 1984 mesmo, quando cessou o diálogo entre as duas superpotências e os impulsos sobre o rearmamento se reacenderam em ambas as partes: a execução do "Ágil arqueiro" das forças Nascido na Europa, que se desenvolveu em novembro de 1983, representou a mais grave crise (junto a dos mísseis de Cuba em 1962), com os soviéticos que haviam já iniciado os procedimentos para estarem prontos para responderem ao ataque nuclear estadunidense que consideravam iminente.

Em 13 de maio de 1984, faltando menos de cinquenta dias para a solene cerimônia na praça de São Pedro por decorrência do aniversário de primeira aparição de Fátima, ocorreu um evento do qual somente depois de vários anos se soube notícias detalhadas. Sob a liderança da URSS, depois da morte de Jurij Andropov em 9 de fevereiro anterior, havia Konstantin Cernenko, que tinha encarnado o retorno ao poder dos "falchi" ("falcões"), contrários ao acordo com os Estados Unidos para a redução de armamentos. Repentinamente, na base da frota da Marinha militar russa em Severomorsk, alastrou-se um incêndio que durou quatro dias e durante o qual foram destruídos dois terços do fornecimento de foguetes e torpedos. Vinte anos depois, em um artigo comemorativo, o estudioso de história militar Alberto Leoni explicou que "sem

---

[65] *http://thebulletin.org/timeline.*

aquele aparato de mísseis que controlava o Atlântico, a URSS não tinha mais nenhuma esperança de vitória. Por isso a opção militar foi cancelada"[66]. Em 8 de dezembro de 1987, enquanto a Igreja Católica celebrava o Ano Mariano (7 de junho de 1987 – 15 de agosto de 1988), os Estados Unidos e a União Soviética assinaram o primeiro tratado para a redução de armamentos. E em maio de 1988, duas novas explosões de grande relevância aconteceram em ambas as frentes: no dia 4, em Nevada, foi destruída uma fábrica de combustível de mísseis americanos, no dia 12, na Ucrânia, acontece em uma fábrica de combustível para mísseis russos.

Em 9 de novembro de 1989, com a abertura do muro de Berlim, começou o rápido processo de dissolução do bloco soviético e da mesma URSS: em 8 de dezembro de 1991 (festa da Imaculada Conceição somente para a Igreja Católica), foi declarado o fim da União Soviética e a criação da Comunidade dos Estados Independentes; o dia 25 de dezembro seguinte (Natal para a Igreja Católica, enquanto que na ortodoxa russa, celebram-no no dia 7 de janeiro, segundo o calendário juliano) foi o recolhimento da bandeira vermelha em Kremlin. Em 25 de janeiro de 1990, a vaticanista Aura Miguel ouviu Papa João Paulo II responder que "podemos atribuir o que acontece agora na Rússia, na parte oriental ou centro-oriental da Europa, à solicitude da Mãe"[67] e pediu confirmação à irmã Lúcia, a qual em 19 de fevereiro seguinte, escreveu: "Concordo plenamente com o que disse o Santo Padre João Paulo II, em resposta à sua pergunta sobre os recentes acontecimentos na Europa oriental e na Rússia. Acredito que se trate da operação de Deus no mundo, para liberá-lo do perigo de uma guerra atômica que poderia destruí-lo. E de um intenso apelo à humanidade por uma fé mais vivida, por uma esperança mais fiel, um amor a Deus e ao próximo mais ativo com respeito recíproco à dignidade, aos direitos e à vida da pessoa humana"[68].

---

[66] "Il Domenicale", 7 agosto 2004. Algumas fotos das explosões estão disponíveis no site russo de internet *http://admiral-umashev.narod.ru/okolnaya.htm*.

[67] Aura Miguel, *Totus tuus: il segreto di Fatima nel pontificato di Giovanni Paolo 2°*, Itaca 2003, p. 111.

[68] Ibidem, p. 15.

Dois posteriores atos de confiança foram recitados pelo Papa Wojtyla. Em 13 de maio de 1991, em Fátima, disse: "Ainda uma vez nos dirigimos a ti, Mãe de Cristo e da Igreja, reunidos aos teus pés na Cova da Iria, para agradecer-te o quanto tu tens feito pela Igreja nestes anos difíceis, por nós e pela humanidade inteira. [...] Hoje estamos aqui para agradecer-te, porque sempre nos escutaste. Tu te mostraste Mãe: Mãe da Igreja, missionária nas estradas da terra em direção ao terceiro Milênio cristão; Mãe dos homens, pela constante proteção que nos evitou desastres e destruições irreparáveis, e favoreceu o progresso e as modernas conquistas sociais. Mãe das nações, pelas mudanças inesperadas que deram novamente fé a povos há muito tempo oprimidos e humilhados. [...] Em unidade colegial com os pastores em comunhão com o povo inteiro de Deus, espalhado em cada canto da terra, também hoje renovo a ti a confiança subsidiária do gênero humano. Em ti com fé todos confiamos"[69]. E em 8 de outubro de 2000, em São Pedro, durante o grande Jubileu reafirmou com palavras dramáticas: "A Igreja hoje, por meio da voz do Sucessor de Pedro, em união com tantos pastores de todas as partes do mundo aqui reunidos, procura refúgio sob a tua proteção materna e implora com fé a tua intercessão diante dos desafios que o futuro esconde. [...] Queremos hoje confiar a ti o futuro que nos espera, pedindo-te para nos acompanhar no nosso caminho. Somos homens e mulheres de uma época extraordinária, tão emocionante quanto rica de contradições. A humanidade possui hoje instrumentos de poder desconhecidos: pode fazer deste mundo um jardim, ou reduzi-lo à morte. [...] Hoje, assim como no passado, a humanidade está em um cruzamento. E, ainda uma vez, a salvação está, e somente, ó Virgem Santa, no teu filho Jesus. Por isso, Mãe, [...] estamos aqui, diante de ti, para confiar aos teus cuidados maternos nós mesmos, a Igreja, o mundo inteiro"[70].

---

[69]*http://w2.vatican.va/content/john-paul-ii/it/speeches/1991/may/documents/hf_jp-ii_spe_19910513_atto-affidamento-fatima.html.*
[70]*http://w2.vatican.va/content/john-paul-ii/it/speeches/2000/oct-dec/documents/hf_jp-ii_spe_20001008_act-entrustment-mary.html.*

Os créditos de Bento XVI e de Francisco

Na homilia pronunciada em 13 de maio de 2005, em Fátima, o cardeal José da Cruz Policarpo, patriarca de Lisboa, revelou: "Hoje estou aqui para cumprir uma promessa feita por mim a Sua Santidade Bento XVI. Quando, ao final do Conclave, foi a minha vez de cumprimentá-lo e jurar-lhe comunhão e obediência, o Santo Padre tomou as minhas mãos e me falou de Fátima. E eu lhe prometi, e ele me agradeceu, que em 13 de maio seguinte eu viria pôr o seu pontificado aos pés de Nossa Senhora de Fátima "[71].

A ligação do cardeal Joseph Ratzinger com Fátima é conhecida essencialmente pelo envolvimento oficial que o então prefeito da Congregação para a Doutrina da Fé teve ao tornar público o texto do terceiro Segredo, com a conferência de imprensa de 26 de junho de 2000. Mas o cardeal Ratzinger havia tido a oportunidade de presidir, em 13 de outubro de 1996, a concelebração da peregrinação em Fátima e de encontrar, no dia seguinte, irmã Lúcia no mosteiro de Coimbra.

Na homilia, comentou o trecho evangélico das Bodas de Caná e enfatizou o papel da Virgem, pontuando que "Maria fala aos menores para mostrar-nos que é absolutamente necessário conhecer, vale dizer, preocupar-se somente com o que é indispensável, com o que é totalmente genuíno, com o que é igualmente importante e igualmente possível para todos: crer em Jesus Cristo, o bendito fruto do seu seio. Nós lhe agradecemos pela sua presença materna e pelo seu comunicar-se conosco, como Mãe clemente e misericordiosa, aqui, neste lugar específico, de um modo tão vivo e tão expressivo"[72].

À irmã Lúcia expressou palavras de vivo agradecimento pelo seu empenho ao testemunhar a mensagem de Fátima e a tranquilizou quanto aos seus comportamentos. No diário da vidente, lê-se: "Aproveitei para perguntar como eu deveria me comportar quando

---

[71]Luciano Guerra, *Benedetto XVI e Fatima*, in Carlos Moreira Azevedo - Luciano Cristino, *Enciclopedia di Fatima*, Cantagalli 2010, p. 69.

[72]*https://www.facebook.com/B16eSER.Ganswein/posts/1833944753507112:0.*

os cardeais se apresentassem com muitas pessoas. Sua Eminência respondeu: 'Não se preocupe com isso, a responsabilidade é dos cardeais. A senhora, irmã, esteja sempre tranquila e em paz'"[73]. No mesmo comentário teológico ao Segredo, o cardeal inseriu também uma lembrança pessoal que ressaltava esta circunstância: "Em um encontro comigo, irmã Lúcia me disse que lhe parecia cada vez mais claro que o objetivo de todas aquelas aparições tenha sido o de ajudar as pessoas a crescerem sempre mais na fé, na esperança e na caridade; todo o resto era sempre destinado a isso"[74].

Durante a peregrinação em Portugal, em 2010, Bento XVI, em 12 de maio, ajoelhou-se diante da estátua de Nossa Senhora do Rosário e elevou uma sincera oração, colocando aos pés da Virgem a homenagem da Rosa de ouro: "Como sucessor de Pedro, a quem foi confiada a missão de presidir a serviço da caridade na Igreja de Cristo e de confirmar todos na fé e na esperança, quero apresentar ao teu Coração Imaculado as alegrias e as esperanças e também os sofrimentos de cada um dos teus filhos e filhas que se encontram na Cova da Iria ou então nos acompanham de longe. Mãe amável, tu conheces cada um pelo seu nome, com a sua face e sua história e a todos queres o bem com a bondade materna que jorra do mesmo coração de Deus Amor. Eu confio e consagro todos a ti, Maria Santíssima, Mãe de Deus e nossa Mãe"[75].

Também Francisco, apenas eleito em 13 de março de 2013, pediu ao mesmo cardeal Policarpo que fosse a Fátima para confiar a Nossa Senhora o pontificado, fato que o patriarca de Lisboa fez em 13 de maio seguinte: "Virgem Santíssima, estamos aos teus pés [...] para realizar o desejo de Papa Francisco, claramente manifestado, de consagrar a ti, Virgem de Fátima, o seu ministério de Bispo de Roma e Pastor universal. Por isso consagramos a ti, ó Senhora, que és Mãe da Igreja, o ministério do novo papa: encha o seu coração da ternura de Deus,

---

[73]Carmelo di Coimbra, *Un cammino sotto lo sguardo di Maria*, Edizioni Ocd 2014, p. 474-475.
[74]*http://www.vatican.va/roman_curia/congregations/cfaith/documents/rc_con_cfaith_doc_20000626_message-fatima_it.html*.
[75]*https://w2.vatican.va/content/benedict-xvi/it/prayers/documents/hf_ben-xvi_20100512_prayer-fatima.html*.

que tu tens experimentado como nenhum outro, para que ele possa abraçar a todos os homens e as mulheres deste tempo com o amor do teu Filho Jesus Cristo"[76].

Para a Jornada Mariana de 13 de outubro seguinte, quis na praça de São Pedro a estátua original da Virgem de Fátima, diante da qual pronunciou o ato de confiança: "Santa Maria Virgem de Fátima, com renovada gratidão pela tua presença materna unimos a nossa voz a de todas as gerações que te chamam de santa. Celebramos em ti as grandes obras de Deus, que jamais se cansa de inclinar-se com misericórdia da humanidade, aflita pelo mal e ferida pelo pecado, para curá-la e salvá-la. Acolhe com bondade de Mãe o ato de confiança que hoje fazemos com fé, diante da tua imagem tão querida por nós. Estamos certos de que cada um nós é precioso aos teus olhos e que de tudo isso que mora em nossos corações nada é estranho para ti. Deixamo-nos alcançar pelo teu doce olhar e recebemos a carícia consoladora do teu sorriso. Guarda a nossa vida entre os teus braços: abençoa e reforça cada desejo do bem, reaviva e alimenta a fé; sustenta e ilumina a esperança; suscita e anima a caridade; guia todos nós no caminho da santidade. Ensina--nos o teu mesmo amor de predileção pelos pequenos e pobres, pelos excluídos e sofridos, pelos pecadores e perdidos de coração: reúne todos sob a tua proteção e todos entregues ao teu amado Filho, o Nosso Senhor Jesus"[77].

A peregrinação do Papa Bergoglio em Fátima, pelo centenário das aparições, com a solene Missa de 13 de maio de 2017, é o cumprimento do presságio que o patriarca Policarpo tinha delicadamente prognosticado: "Três dos últimos Papas foram peregrinos ao teu santuário. Somente tu, ó Senhora, pelo amor materno que tens por toda a Igreja, podes colocar no coração do Papa Francisco o desejo de ser peregrino neste santuário. É algo

---

[76]*http://www.lamadredellachiesa.it/consacrazione-del-pontificato-di-papa-francesco-alla-s-vergine-di-fatima-testo-integrale.*
[77]*https://w2.vatican.va/content/francesco/it/prayers/documents/papa-francesco_preghiere_20131013_affidamento-vergine-fatima.html.*

— 155 —

que não se pode pedir por outros motivos: será somente a intenção silenciosa entre ti e ele que o conduzirá a perceber a atração para esta peregrinação, na certeza de ser acompanhado por milhões de fiéis desejosos a escutar novamente a tua mensagem. Daqui, deste Altar do mundo, ele poderá abençoar a humanidade, fazer o mundo de hoje sentir que Deus ama todos os homens e todas as mulheres do nosso tempo, que a Igreja os ama e que tu, Mãe do Redentor, guia-os com tenro amor ao longo do caminho da salvação"[78].

---

[78]http://www.lamadredellachiesa.it/consacrazione-del-pontificato-di-papa-francesco-alla-s-vergine-di-fatima-testo-integrale.

Cronologia

1907
28 de março: Lúcia de Jesus Rosa dos Santos nasce em Aljustrel.

1908
11 de junho: Francisco Marto nasce em Aljustrel.

1910
11 de março: Jacinta Marto nasce em Aljustrel.

1913
30 de maio: Lúcia recebe a primeira comunhão.

1915
Abril-outubro: Por três vezes Lúcia, em companhia de algumas amigas, vê uma figura cândida e resplandecente como a neve, que identifica como o Anjo da guarda.

1916
Primavera-outono: Lúcia, Francisco e Jacinta têm três aparições – a primeira e a última no pasto de Chousa Velha e a central perto do poço do Arneiro – do Anjo da paz e de Portugal, que lhes ensina algumas orações e se manifesta com Lúcia por meio de uma hóstia ensanguentada, enquanto aos seus dois primos oferece para beber diretamente de um cálice.

1917
5 de maio: Papa Bento XV acrescenta à Ladainha lauretana o título de "Rainha da paz" e invoca "a sua doce e benigna solicitude para obter ao mundo confuso a tão cobiçada paz".

13 de maio: Primeira aparição de Nossa Senhora na Cova da Iria, com o pedido de retornarem ali por seis meses consecutivos.

13 de junho: Segunda aparição, na qual os pequenos pastores veem o Coração Imaculado de Maria coroado de espinhos.

13 de julho: Terceira aparição, com a revelação das três partes do Segredo: as primeiras foram publicadas em 1942, a última em 2000.

13 de agosto: As três crianças são aprisionadas por ordem do prefeito de Vila Nova de Ourém e voltam para casa somente em 15 de agosto.

19 de agosto: Quarta aparição, enquanto os videntes se encontram no campo de Valinhos: Nossa Senhora promete que em outubro fará um milagre.

13 de setembro: Quinta aparição, na qual Nossa Senhora pede para continuar a recitar o Rosário para obter o fim da guerra.

13 outubro: Sexta aparição, com a aparição da Sagrada Família e o grandioso prodígio da chamada "dança do sol".

1919

4 de abril: Francisco morre em Aljustrel devido à epidemia de gripe espanhola.

28 de abril - 15 de junho: É construída a capelinha no lugar das aparições na Cova da Iria.

1920

20 de fevereiro: Jacinta morre em Lisboa devido à epidemia de gripe espanhola.

1921

15 de junho: Nossa Senhora aparece para Lúcia pela sétima vez e a exorta a prosseguir o caminho ao longo do qual a deseja conduzir o bispo de Leiria, que a partir de 15 de maio de 1920 é José Alves Correia da Silva.

16 de junho: Aos quatorze anos de idade, a vidente parte de Fátima para entrar, alguns dias depois, no colégio das irmãs Doroteias, no Porto, com o nome de Maria das Dores.

13 de outubro: O bispo de Leiria autoriza a celebração da primeira Missa diante da capelinha da Cova de Iria.

1922

Janeiro: Provavelmente sob indicação do confessor Manuel Pereira Lopes, escreve a breve história das aparições *Os acontecimentos de 1917.*

5-6 de março: Durante a noite, a capelinha construída na Cova da Iria é destruída por quatro bombas, deixando intacto somente o altar, porque a quinta bomba não explode.

3 de maio: O bispo de Leiria assina o decreto de abertura do processo canônico sobre as aparições de Fátima.

13 de maio: Sessenta mil devotos vão em peregrinação para a reparação da capelinha, apesar da ameaçadora presença da Guarda Republicana de Santarém.

1923

26 de agosto: Lúcia é admitida como agregada entre as Filhas de Maria e, com a permissão do confessor, consagra-se à Virgem e exprime a Deus o voto privado de castidade perpétua.

1924

8 de julho: É interrogada como testemunha oficial da comissão canônica instituída pelo bispo de Leiria.

1925

24 de agosto: Recebe a crisma.

25 de outubro: Parte como postulante para a casa de noviciado das Doroteias em Tuy, na Espanha, de onde prossegue ao convento de Pontevedra.

1926

20 de julho: Retorna ao convento em Tuy.

2 de outubro: Começa o noviciado nas irmãs Doroteias.

1927

Fim de dezembro: Por ordem de seu diretor espiritual, o jesuíta José da Silva Aparício, Lúcia conta por escrito, falando de si mesma em terceira pessoa, as aparições de Jesus e de Nossa Senhora relacionadas à chamada "Grande promessa do Coração Imaculado de Maria" (dois em Pontevedra, em 10 de dezembro de 1925 e em 15 de fevereiro de 1926, e uma em Tuy, em 17 de dezembro de 1927).

1928

13 de maio: Começam os trabalhos da basílica, que se concluirão em 1951 com a grandiosa colunata e a praça.

3 de outubro: Lúcia pronuncia os votos temporários.

1929

13 de junho: Entre 23 horas e meia-noite, enquanto se encontra na capela para a devoção da Hora Santa, Nossa Senhora lhe aparece e pede "a consagração da Rússia ao meu Coração Imaculado".

1930

13 de outubro: O bispo Correia da Silva, com a carta pastoral *La divina Provvidenza* (A divina Providência), declara dignas de crédito as visões dos três pequenos pastores e permite oficialmente o culto de Nossa Senhora de Fátima.

1931

Agosto: Enquanto se encontra em convalescência em Rianjo, Lúcia recebe de Deus a solicitação para se dedicar à oração aos Corações de Jesus e Maria.

13 de outubro: Os bispos de Portugal consagram a nação ao Coração Imaculado de Maria.

1934

3 de outubro: Lúcia emite os votos perpétuos.

9 de outubro: É transferida novamente a Pontevedra.

1935

Dezembro: Escreve a *Primeria memória*.

1937

28 de maio: Entra em Tuy.

7-21 de novembro: Escreve a *Segunda memória*.

1938

25 de janeiro: Um sinal celeste, que foi considerado como uma aurora boreal, anuncia a iminência da Segunda Guerra Mundial.

12 de março: A Alemanha guiada por Adolf Hitler invade a Áustria. Com a anexação do território tchecoslováquio dos Sudetos[1], no outubro seguinte, é originado o conflito que oficialmente começaria em 1º de setembro de 1939 com a invasão nazista da Polônia.

1940

2 de dezembro: Lúcia escreve uma carta a Pio XII, renovando o pedido da "consagração do mundo ao Coração Imaculado de Maria, com menção especial à Rússia".

1941

26 de julho-31 de agosto: Escreve a *Terceira memória*.

7 de outubro-8 de dezembro: Escreve a *Quarta memória*.

1942

31 de outubro: Pio XII pronuncia uma radiomensagem em português na qual faz uma alusão à Rússia.

1943

Setembro-outubro: O Bispo de Fátima pede a Lúcia que por obediência,

---

[1]N.T.: ou Sudetas: nome de uma cadeia de montanhas na fronteira entre a República Checa a Polônia e a Alemanha.

primeiramente de modo verbal (15 de setembro) e sucessivamente por carta (15 de outubro), ponha todo o Segredo por escrito.

1944

3 de janeiro: Lúcia, depois de uma aparição de Nossa Senhora, escreve a "terceira parte" do Segredo.

9 de janeiro: Informa ao bispo de Leiria sobre a redação do texto.

17 de junho: Vai a Valença do Minho, para entregar o documento com a elaboração da "terceira parte" do Segredo ao arcebispo Manuel Marilla Ferreira da Silva, o qual o leva imediatamente ao bispo de Leiria, monsenhor José Alves Correia da Silva, que em seguida o guardará no seu edifício episcopal.

1945

8 de dezembro: O bispo da Silva põe o envelope de Lúcia no interior de um outro envelope selado, sobre o qual escreve que, depois da própria morte, deverá ser entregue ao patriarca de Lisboa.

1946

13 de maio: O cardeal Benedetto Aloisi Masella, enviado de Pio XII, preside a solene coroação da estátua de Nossa Senhora de Fátima.

20 de maio: Lúcia volta a Fátima depois de vinte e cinco anos de ausência, para mostrar ao canônico José Galamba de Oliveira os lugares das aparições do anjo e de Nossa Senhora.

24 de maio: Após o retorno de Fátima, é destinada ao convento do Porto.

1947

6-7 de fevereiro: Depois de ter pedido uma iluminação a Jesus eucarístico, escreve uma carta a Pio XII e a entrega ao dominicano Thomas McGlynn, que depois de poucos dias teria encontrado o Papa.

1948

25 de março: Depois da intervenção pessoal de Pio XII, entra no mosteiro das Carmelitas, em Coimbra, e o seu nome muda para irmã Maria Lúcia de Jesus e do Coração Imaculado.

13 de maio: Veste o hábito carmelita.

1949

3 de janeiro: No periódico semanal estadunidense *Life* vem publicada a fotografia do bispo da Silva, em pose com o próprio envelope contendo aquele de irmã Lúcia com o terceiro Segredo.

31 de maio: Lúcia pronuncia a profissão solene.

1950

31 de maio: Conclui o noviciado e se transfere para a cela do mosteiro que ocupará até a morte.

1951

30 de abril: Os restos mortais de Jacinta são transferidos para a basílica de Fátima.

1952

17 de fevereiro: Os restos mortais de Francisco são transferidos para a basílica de Fátima.

30 de abril: O bispo da Silva abre o processo informativo diocesano sobre a fama de santidade e sobre as virtudes de Francisco e Jacinta.

7 de julho: Pio XII publica a carta apostólica *Sacro vergente anno*, com a qual consagra explicitamente a Rússia ao Coração Imaculado de Maria, mas sem o envolvimento de todos os bispos.

2 de setembro: Padre Joseph Schweigl, enviado de Pio XII, tem um encontro com Lúcia a respeito da "terceira parte" do Segredo.

1953

7 de outubro: Consagração a Fátima da igreja de Nossa Senhora do Rosário, cuja primeira pedra tinha sido abençoada vinte e cinco anos antes, em 13 de março de 1928.

1954

12 de novembro: Pio XII, com o breve *Luce superna*, concede à igreja de Fátima o título de basílica.

1955

17 de maio: O cardeal Ottaviani, secretário do Santo Ofício tem uma entrevista com Lúcia a respeito da "terceira parte" do Segredo.

1957

Início do ano: A pedido do Santo Ofício, a diocese de Leiria prepara cópias de todos os escritos de irmã Lúcia.

Meio de março: O bispo auxiliar de Leiria, monsenhor João Pereira Venâncio, entrega ao porta-voz apostólico em Portugal, o arcebispo Fernando Cento, o envelope contendo a "terceira parte" do Segredo e vê em contraluz algumas características.

Abril de 1957: O documento é entregue ao Vaticano: no dia 4, segundo o arcebispo Tarcisio Bertone; no dia 16, segundo o padre Joaquin Maria Alonso.

14 de maio: O jornalista Robert Serrou realiza um serviço no apartamento pontifício e tira fotografias de uma gaveta de madeira com a inscrição *'Secretum Sancti Officii'* (Segredo do Santo Ofício). Irmã Pascalina Lehnert, governanta e secretária de Papa Pacelli, diz-lhe que "é o terceiro Segredo de Fátima". A documentação fotográfica é publicada em 18 de outubro de 1958 no semanal francês *Paris Match*.

26 de dezembro de 1957: O postulante de Francisco e Jacinta, padre Agustin Fuentes, fala com irmã Lúcia e ouve declarações muito fortes a respeito do conteúdo do terceiro Segredo, que serão publicadas, em 22 de junho de 1959, pelo jornal português *A Voz* e suscitarão, em 2 de julho seguinte, uma dura negação da diocese de Coimbra.

1959

21 de agosto: Segundo o testemunho do seu secretário, monsenhor Loris Francesco Capovilla, João XXIII lê a "terceira parte" do

Segredo, que lhe tinha sido levada a Castel Gandolfo pelo Vaticano em 17 de agosto. Segundo o cardeal Alfredo Ottaviani, Papa Roncalli lerá um texto relacionado ao terceiro Segredo também em 1960.

1960
8 de fevereiro: Um despacho da agência da notícias portuguesa Ani afirma que "segundo fontes vaticanas, o Segredo de Fátima não será jamais divulgado".

1963
27 de junho: Segundo o testemunho de monsenhor Capovilla, Paulo VI, a menos de uma semana da eleição, lê a "terceira parte" do Segredo.
15 de outubro-1° de novembro: Em dois artigos, o quinzenário alemão *Neues Europa* publica a chamada "versão diplomática" do terceiro Segredo.

1964
3 de fevereiro: Durante o Concílio Vaticano II, é entregue a Paulo VI uma petição assinada por 510 bispos de 78 nações, a qual solicita ao Papa consagrar, em união com todos os bispos, o mundo e de modo explícito a Rússia ao Coração Imaculado de Maria.
21 de novembro: Como conclusão da terceira sessão do Concílio Vaticano II, Paulo VI declara Maria Santíssima Mãe da Igreja e confia todo o gênero humano ao seu Coração Imaculado.

1965
27 de março: Segundo a afirmação do cardeal Tarcisio Bertone, Paulo VI lê a "terceira parte" do Segredo.
13 de maio: O cardeal Fernando Cento, enviado de Paulo VI, entrega em nome do Papa a honra pontifícia da Rosa de ouro ao santuário de Fátima.

1967
13 de maio: Peregrinação a Fátima de Paulo VI pelo quinquagési-mo aniversário das aparições.

1977

10-11 de julho: Peregrinação do cardeal Albino Luciani, patriarca de Veneza, que no dia 10 celebra a Missa na Cova da Iria e em 11 encontra irmã Lúcia em Coimbra, um ano antes de ser eleito Papa com o nome de João Paulo I.

1978

Outubro: Segundo a afirmação do porta-voz vaticano Joaquin Navarro-Valls, poucos dias depois da eleição João Paulo II lê a "terceira parte" do Segredo.

1980

17-18 de novembro: Durante a viagem pastoral a Fulda, na Alemanha, João Paulo II teria falado do terceiro Segredo em um diálogo que foi publicado pelo periódico *Stimme des Glaubens* em outubro de 1981.

1981

13 de maio: João Paulo II é gravemente ferido no atentado do terrorista Ali Agca.

7 de junho: Com uma mensagem gravada ouvida por toda a basílica de Santa Maria Maior, o Pontífice confia a Nossa Senhora a inteira família humana, fazendo uma leve referência à Rússia.

18 de julho: Segundo a declaração do cardeal Bertone, Papa Wojtyla lê a "terceira parte" do Segredo.

1982

13 de maio: João Paulo II, em peregrinação a Fátima, pronuncia uma oração à Virgem na qual faz referência a "aqueles homens e aquelas nações, que dessa confiança e dessa consagração têm especial necessidade".

1983

8 de dezembro: Papa Wojtyla envia a todos os bispos do mundo o texto da consagração que irá ler em 25 de março seguinte, com o pedido de renovação desse ato junto a ele na mesma circunstância.

1984

25 de março: Em São Pedro, João Paulo II consagra ao Coração Imaculado de Maria o mundo e "aqueles homens e aquelas nações, que dessa confiança e dessa consagração têm especial necessidade".

1991

13 de maio: Durante a peregrinação a Fátima, Papa Wojtyla renova a confiança subsidiária do gênero humano ao Coração de Maria.

2000

13 de maio: Ao final da cerimônia de beatificação de Francisco e Jacinta Marto, presidida em Fátima por João Paulo II, o cardeal Angelo Sodano, secretário de Estado vaticano, anuncia que o Santo Padre estabeleceu que será divulgada a "terceira parte" do Segredo.

26 de junho: Durante uma conferência de imprensa transmitida em rede televisiva, o prefeito e o secretário da Congregação para a Doutrina da Fé, respectivamente o cardeal Joseph Ratzinger e o arcebispo Tarcisio Bertone, apresentam o texto do terceiro Segredo. Monsenhor Bertone, que havia encontrado irmã Lúcia em Coimbra em 27 de abril anterior, confirma também que "o ato solene e universal de consagração de 25 de março de 1984 correspondia a quanto queria Nossa Senhora".

8 de outubro: Em São Pedro repete a confiança da Igreja e do mundo inteiro à Virgem.

2001

17 de novembro: Depois dos atentados terroristas de 11 de setembro, o arcebispo Bertone vai novamente até irmã Lúcia para "alguns esclarecimentos e informações diretas". O sucinto comunicado sobre o encontro é publicado no periódico *L'Osservatore Romano* de 21 dezembro seguinte.

2005

13 de fevereiro: Às 17 horas, Lúcia morre aos 97 anos de idade.

15 fevereiro: O cardeal Tarcisio Bertone, enviado de João Paulo

II, preside as solenidades funerais. Por um ano a vidente permanece enterrada no cemitério do Carmelo de Coimbra.

2 de abril: Morre Papa Wojtyla.

2006

19 de fevereiro: O corpo da vidente é transferido para a antiga basílica de Fátima ao lado da prima Jacinta, na capela a esquerda do altar maior (enquanto Francisco está à frente, na capela à direita).

2008

13 de fevereiro: No terceiro aniversário da morte de Lúcia, é anunciado que Bento XVI autorizara a abertura da fase diocesana da causa de canonização da vidente, antecipando-a em dois anos a respeito das normas em vigor.

30 de abril: O bispo de Coimbra dá oficialmente início ao processo diocesano.

2010

12-13 de fevereiro: Bento XVI vai em peregrinação a Fátima.

2013

13 de outubro: Em ocasião da Jornada Mariana, Francisco pronuncia um ato de confiança.

2017

13 de maio: Francisco preside em Fátima a solene cerimônia pelo centenário das aparições.

Bibliografia

ALONSO, Joaquin. *Fatima ante la esfinge*, Sol de Fatima, 1979.

_____. *La verdad sobre el secreto de Fatima*, Esercito Azul, 1988.

BARTHAS, Casimir. *Fatima 1917-1968*, Fatima Éditions, 1969.

BERTONE, Tarcisio – De Carli Giuseppe. *L'ultima veggente di Fatima*, RaiEri – Rizzoli, 2007.

_____. *L'ultimo segreto di Fatima*, RaiEri - Bur, 2010.

CARMELO DI COIMBRA. *Un cammino sotto lo sguardo di Maria*, Edizioni Ocd, 2014.

CASTELBRANCO, Jean Joseph. *Le prodige inouï de Fatima*, Édition Ange-Michel, 1942.

CONGREGAZIONE PER LA DOTTRINA DELLA FEDE. *Il messaggio di Fatima*. Disponível em: *<http://www.vatican.va/roman_curia/ congregations/cfaith/documents/rc_con_cfaith_doc_20000626_ message-fatima_it.html.>*

DE MARCHI, John. *The True Story of Fatima*. Disponível em: *<http://www.biblicalcatholic.com/apologetics/TrueStoryOfFatima-byJohnDeMarchi.pdf.>*

GAETA, Saverio. *Giovanni XXIII. Una vita di santità*, Mondadori, 2000.

_____. *Il Veggente*, Salani, 2016.

GALAVOTTI, Enrico. *Processo a Papa Giovanni*, Il Mulino, 2005.

JEAN-NESMY, Claude. *La vérité de Fatima*, Éditions S.O.S., 1980.

KONDOR, Luigi (org.). *Memorie di suor Lucia*, Secretariado dos pastorinhos, 2005.

KRAMER, Paul. *La battaglia finale del diavolo*, Good Counsel Publications, 2010.

MARIA CELINA DI GESÙ CROCIFISSO, *In memoria di suor Lucia*, Secretariado dos pastorinhos, 2005.

MARTINS, Antonio Maria (org.). *Lucia racconta Fatima*, Queriniana, 1999.

MICHEL DE LA SAINTE TRINITÉ, *The whole truth about Fatima*. Disponível em: <*http://www.catholicvoice.co.uk/fatima1/index.htm.*>

MIGUEL, Aura. *Totus tuus: il segreto di Fatima nel pontificato di Giovanni Paolo 2°*, Itaca, 2003.

MOREIRA AZEVEDO, Carlos – CRISTINO, Luciano (org.). *Enciclopedia di Fatima*, Cantagalli, 2010.

ODER, Slawomir – GAETA, Saverio, *Perché è santo*, Rizzoli, 2010.

PAOLINI Solideo. Fatima. *Non disprezzate le profezie*, Immaculate Heart Publications, 2010.

PASQUALE, Umberto. *Alexandrina*, Libreria dottrina cristiana, 1960.

RATZINGER, Joseph – MESSORI, Vittorio. *Rapporto sulla fede*, San Paolo, 1985.

ROCHE, Georges – SAINT GERMAIN, Philippe. *Pie XII devant l'histoire*, Laffont, 1972.

RONCALLI, Marco. *Giovanni Paolo I*, San Paolo, 2012.

_____. *Giovanni XXIII nel ricordo del segretario Loris F. Capovilla*, San Paolo, 1994.

SOCCI, Antonio. *I segreti di Karol Wojtyla*, Rizzoli, 2009.

_____. *Il quarto segreto di Fatima*, Rizzoli, 2006.

SUOR, Lucia, *Come vedo il Messaggio nel corso del tempo e degli avvenimenti*, Secretariado dos pastorinhos, 2006.

_____. *Gli appelli del messaggio di Fatima*, Libreria editrice vaticana, 2001.

TOSATTI, Marco, *Il segreto non svelato*, Piemme, 2002.

_____. *La profezia di Fatima*, Piemme, 2007.

VILALTA BERBEL, Jaime. *Los secretos de Fatima*, Editorial Círculo, 1975.

WALSH WILLIAM, Thomas. *Madonna di Fatima*, Ancora – Nigrizia, 1965.

Índice

Introdução 5

1. Cem anos e não acabou 9
Uma luminosa figura 13
Nossa Senhora reaparece 18
Um chamado misterioso 22
A promessa e o milagre 27
As duas testemunhas 33
Consagrada entre as Doroteias 37
Finalmente no Carmelo 42

2. Três segredos e um anexo? 49
Uma atormentada elaboração 52
A decisão de João XXIII 56
Papa Wojtyla e o atentado 62
Os dois envelopes de irmã Lúcia 67
As motivações de 1960 71
A revelação de 2000 75
Mais que morto, assassinado 79
As hipóteses sobre os dois textos 85
Portugal e a fé 90

3. Os sacrifícios e as orações 97
A corda dividida em três 102
O Coração e os espinhos 107
Os vinte apelos 112

4. Nove pontífices e a consagração 119

A perplexidade de Pio XI 122

A consagração de Pio XII 126

As reservas de João XXIII e de Paulo VI 134

A entrevista de João Paulo I 138

O disparo contra João Paulo II 140

Papa Wojtyla cumpriu a missão? 146

Os créditos de Bento XVI e de Francisco 153

Cronologia 157

Bibliografia 169

Este livro foi composto com as famílias tipográficas Sweet Sensations e Minion Pro
e impresso em papel Pólen Soft 70g/m² pela **Gráfica Santuário.**